Oración Transformadora

"La Disciplina Abandonada por Miles de Cristianos"

Joel Ferro

Publicado por Ibukku
www.ibukku.com
Diseño y maquetación: Índigo Estudio Gráfico

ISBN Paperback: 978-1-64086-387-3
ISBN eBook: 978-1-64086-388-0

ÍNDICE

"Sobre tus muros, oh Jerusalén, he puesto guardas;
todo el día y toda la noche no callarán jamás.
Los que os acordáis de Jehová, no reposéis,
ni le deis tregua, hasta que restablezca a Jerusalén,
y la ponga por alabanza en la tierra."
Isaías 62:6,7

ORACIÓN

Traspasa, dulcísimo Jesús y Señor mío, la médula de mi alma con el suavísimo y saludabilísimo dardo de tu amor; con la verdadera, pura y santísima caridad apostólica, a fin de que mi alma desfallezca y se derrita siempre sólo en amarte y en deseo de poseerte: que por Ti suspire, y desfallezca por hallarse en los atrios de tu Casa; anhele ser desligado del cuerpo para unirse contigo.

Haz que mi alma tenga hambre de Ti, Pan de los Ángeles, alimento de las almas santas, Pan nuestro de cada día, lleno de fuerza, de toda dulzura y sabor, y de todo suave deleite.

Oh Jesús, en quien se desean mirar los Ángeles: tenga siempre mi corazón hambre de Ti, y el interior de mi alma rebose con la dulzura de tu sabor; tenga siempre sed de Ti, fuente de vida, manantial de sabiduría y de ciencia, río de luz eterna, torrente de delicias, abundancia de la Casa de Dios: que te desee, te busque, te halle; que a Ti vaya y a Ti llegue; en Ti piense, de Ti hable, y todas mis acciones encamine a honra y gloria de tu nombre, con humildad y discreción, con amor y deleite, con facilidad y afecto, con perseverancia hasta el fin; para que Tú solo seas siempre mi esperanza, toda mi confianza, mi riqueza, mi deleite, mi contento, mi gozo, mi descanso y mi tranquilidad, mi paz, mi suavidad, mi perfume, mi dulzura, mi comida, mi alimento, mi refugio, mi auxilio, mi sabiduría, mi herencia, mi posesión, mi tesoro, en el cual esté siempre fija y firme e inconmoviblemente arraigada mi alma y mi corazón. Amén.

San Buenaventura (1274)

DEDICATORIA

Quiero dedicar este trabajo, primeramente, a mi Señor Jesucristo, el cual siempre ha sido la fuente de mi inspiración, mi guía y maestro.

También a mi amada esposa, Silvia Margarita; a mis cuatro hijas, Silvia Priscila, Smirna Sulamita, Diana Abigail y Bethsaida Carlota, así como a mis yernos y nietos, mi demás familia y amigos, muy amados y apreciados, de los cuales, como dice una canción,

"no hace falta dar sus nombres o apellidos;
porque de sobra ya se saben aludidos…"

Y por último, a todos aquellos bienaventurados que tienen "hambre y sed de la presencia del Señor," los cuales cada día anhelan conocer más de Dios.

Prólogo

El objetivo inmediato de esta obra no tiene la finalidad de que sea leída solamente, sino más bien meditada, es decir, reflexionada, comprendida, porque quizás haya algunos que no tienen el hábito de la lectura, se abruman con tanta letrita y conceptos medio abstractos y difíciles de entender, mientras que otras mentes muy brillantes pueden sacar la conclusión desde el mismo principio de que "ya saben de qué se trata;" después de todo, ¿Quién no sabe orar?

Por otro lado, la motivación al haber escogido este tema, se remonta a los primeros meses de mi conversión a Cristo, debido a que, dadas las condiciones personales de salud, tanto física como espiritual, me vi en la enorme necesidad de depender de la oración –intencionalmente–, del ayuno y del estudio de la Palabra de Dios, para poder encontrar las respuestas a las grandes necesidades de mi alma. Para mí, era cosa de vida o muerte, física y espiritualmente hablando. Debo aclarar que no tuve un guía espiritual que me aconsejara, aunque era claro que yo, como todos los demás, tenían un pastor en la iglesia a la que asistía. Nunca tuve una enseñanza ni siquiera elemental sobre cómo orar. Se daba por hecho que con asistir a los servicios en la iglesia ya uno lo sabía, o por lo menos hacía uno lo que veía que hacían los demás. Tuve, por lo tanto, que depender totalmente del Espíritu Santo para recibir guianza y dirección durante los meses que duró mi lucha por convertirme a Cristo, y de ahí en adelante, Él ha sido mi mentor, mi guía y mi maestro, y no lo digo metafóricamente, sino en toda la extensión de la palabra.

No fueron días de oración, ayuno y recogimiento espiritual; fueron meses los que pasé adentrándome y ejercitándome en estas disciplinas espirituales, por mera necesidad, por lo que mi vida cristiana quedó marcada para siempre. Así que esta manera de vivir la vida espiritual siempre ha representado un desafío a mi intelecto, preguntándome con frecuencia ¿hay algo más en nuestra manera de orar, que desconocemos, o que no estamos lo suficientemente informados al respecto? Por tal razón, le pedí al Espíritu Santo que me guiara y me enseñara, si es que había algo más profundo en nuestra manera de adorarlo, buscarlo y encontrarlo. Ciertamente Él lo ha hecho paciente, pero magistralmente a través de los años, pues me ha ido llevando de la mano para poder entender muchas cosas que se perdieron en la noche oscura de los tiempos, pero que Él ha venido revelando a los que le buscan, y "*a los que tienen hambre y sed de Justicia, pues ellos serán saciados" (RV-Mateo 5:6).*

Asimismo, algunos pastores amigos me han motivado a compartir algunas de las riquezas espirituales que Dios me haya regalado por su gracia. Sin embargo, lo he pensado, lo he postergado algunos años, y me he preguntado varias veces, si habrá alguien que esté interesado en esta práctica de la oración, al fin y al cabo "todos saben orar," pero según Dios, "todo tiene su tiempo," y ahora es, en este momento crítico que está viviendo la humanidad entera y la cristiandad, que el Señor me está guiando para escribir esta recopilación de consejos espirituales, de varias fuentes dignas de ser consideradas, las cuales no representan una forma nueva de orar, sino como veremos más adelante, es la forma en que Dios ha interactuado con el hombre a través de las edades. Una reconocida doctora en la ciencia de la oración aportó en uno de sus libros que el método de Dios es uno muy práctico y fácil.

Aunque parece ser este un tema –la oración– del dominio perfecto de muchos líderes espirituales y de cada cristiano, la realidad es bien diferente y deja mucho qué desear, según nos previene la Sagrada Escritura:

El conocimiento envanece, pero el amor edifica.
Y si alguno se imagina que sabe algo,
aún no sabe nada como debe saberlo. *1ª Corintios 8:1, 2*

Nadie se engañe a sí mismo; si alguno entre vosotros
se cree sabio en este siglo, hágase ignorante, para que llegue a
ser sabio. *1ª Corintios 3:18*

El propósito de este estudio no tiene la intención de establecer los principios básicos o una metodología para aprender a orar. Son consejos. No es el "abc" de la oración. Más bien tiene el propósito de integrar algunos pasos ya aprendidos de antemano relacionados con la oración, para dar el gran salto de la plataforma de la oración cotidiana, elemental y básica, hacia las alturas de la oración profunda, continua y duradera, la oración incesante, casi desconocida por los líderes cristianos. Este conocimiento ha de servir para elevar exponencial y cualitativamente la espiritualidad del creyente, del que tiene hambre y sed de Dios y del que se atreve a cualquier desafío, con tal de alcanzar a Aquel que lo llamó como soldado (2ª Tim. 2:4). Si eres un nuevo creyente te servirá; si ya tienes cierta madurez espiritual, de la misma manera; aún si eres un ejecutivo en el ministerio o teólogo de vocación.

También someto el libro entero al juicio de hombres ilustrados y experimentados, con solo este ruego: Por favor, no se queden en la superficie, sino que penetren en mi principal propósito al escribirlo. Este propósito es inducir a ministros y creyentes a amar a Dios y a servirlo, de un modo que es más fácil y sencillo que cualquiera pudiese imaginar.

Amado lector, lea este pequeño tratado con un espíritu sincero y recto. Léalo con humildad, sin ninguna inclinación a criticar. Si lo hace así, no dejará de sacar provecho de él. Esta obra no tiene ningún otro propósito que éste: invitar a los sencillos y a los que son como niños a acercarse a su Padre... un Padre que se deleita en ver la humilde confianza de sus hijos y se contrista por su desconfianza.

Por último, también espero que sirva de guía textual recopilada de varios autores milenarios y algunos contemporáneos que dan testimonio de sus propias experiencias, cuyas obras han dejado un legado a ser transmitido a las futuras generaciones, de las cuales, nosotros somos quizá la última generación en continuar viviendo en toda su expresión "la gran disciplina de la oración," nacida e inspirada en el mismo corazón de Dios.

Introducción

"Si realmente supiéramos quien es Dios
y todo lo que nos ha dado en Cristo,
nuestras vidas de oración
serían muy diferentes que lo que son ahora."
R.C. Sproul.

En relación a la oración, resulta interesante lo que dice un proverbio anónimo: *"Si quieres ver cosas que nunca has visto, has las cosas que nunca has hecho."* En otras palabras... ¿Quieres tener visiones proféticas como las que tuvo el profeta Daniel? ¡Ora como Daniel! ¿Quieres hacer milagros y señales como Moisés? ¡Ora como Moisés! ¿Quieres tener la unción del profeta Elías? ¡Ora como Elías! ¿Quieres hacer sanidades y milagros como Juan y Pedro? ¡Ora como Juan y Pedro! ¿Quieres ser sembrador de iglesias como el apóstol Pablo? ¡Ora como Pablo! ¿Quieres que en tu iglesia se derrame el poder del Espíritu Santo como en el día de Pentecostés? Ora como lo hicieron ellos. ¿Quieres realmente ver algún día cara a cara al Maestro? Entonces ¡Hay que Orar sin cesar! No hay alternativa. *"Desde que Juan el Bautista comenzó a predicar hasta ahora, el reino de Dios avanza a pesar de sus enemigos. Sólo la gente valiente y decidida logra formar parte de él" (Traducción en lenguaje actual).*

Conocemos varias escrituras que nos hablan de las grandes experiencias de la vida espiritual de varios de los hombres que Dios llamó a responder a su llamado, para realizar un propósito específico, para un tiempo específico, en un entorno socio cultural específico, que quedaría como paradigma para las futuras generaciones. Citando a algunos de estos individuos hago mención del trans-diluviano Noé, para dar testimonio del juicio divino a la civilización de su tiempo; también del octogenario "príncipe de Egipto", Moisés, para liberar a sus hermanos hebreos del yugo faraónico, y conducirlos hacia la liberación en la cual ellos se convertirían en nación; o de un interlocutor divino llamado Elías para confrontar la idolatría y apostasía de la nación y dejar en claro que Jehová es Dios, y otros tremendos exponentes en el "salón de la fama" de la fe de Hebreos 11.

Los "Héroes Anónimos" (sin nombre), fueron los protagonistas de la historia sagrada, que con su vida y ejemplo le dieron sentido a lo que hoy conocemos como las Buenas Nuevas del Evangelio de Jesucristo. Para ellos, la oración no era una opción, era su manera de pensar y de vivir. No oraban para vivir; vivían para orar. No cesaban para dejar de orar, sino que aprendieron a "orar sin cesar."

...y cada uno de ellos, *"habiendo servido a su propia generación" según la voluntad de Dios* (Hechos 13:36), para dejarnos enseñanzas, guianza, directrices, principios de sabiduría e inspiración,...*"y estas cosas les acontecieron como ejemplo, y están escritas para amonestarnos a nosotros, a quienes han alcanzado los fines de los siglos"* (1ª Corintios 10:11).

A modo de introducción utilizaré la ilustración bíblica que encontramos en uno de los "viajes espirituales" a donde llevó el Espíritu de Dios al profeta Ezequiel, relacionado con "el río de Dios," el cual también tiene referencia con el de Apocalipsis 22:1. Esta escritura se encuentra en el capítulo cuarenta y siete del libro del profeta Ezequiel, el cual me servirá de soporte para este estudio, representando los tres niveles de la espiritualidad bíblica: El primer nivel tratará sobre las "aguas recreativas"; el segundo sobre las aguas intermedias"; y el tercero sobre las aguas profundas", cuya significación es muy útil para que podamos entender los diferentes escenarios de experiencia que tiene la disciplina de la oración, de una manera práctica y sencilla de entender y ejercer.

Valga esta ilustración como ejemplo, para que podamos comprender el significado que tiene el ejercicio y hábito de la oración. Ella tiene como característica un conocimiento básico, del manejo y dominio de la mayor parte de personas que la conocen. Muchos conocen la oración, pero es solo eso, un conocimiento más; practicarla es una decisión. Otros conocen lo básico y a veces la practican, y otros, ni la conocen ni la practican.

En cuanto al término oración "transformadora" que he utilizado para titular este trabajo, es muy fácil y familiar entenderlo. Solamente el poder de la oración puede marcar el cambio en muchos aspectos de nuestra vida. La oración nos cambia, nos transforma y nos santifica, por la obra del Espíritu Santo. De manera que al hablar de la oración estaremos hablando un poco de los hábitos de la oración de todos conocida, pero el énfasis se centrará en compartir el conocimiento de la "oración incesante," lo cual a algunos les suena muy novedosa, a otros muy familiar –pero distante– y a otros, completamente desconocida.

El Conocimiento y la Experiencia

Una cosa es tener el conocimiento acerca de la oración, y por supuesto que es importante. Es parte sustancial del aprendizaje bíblico, pero aún más importante es vivir cada día poniendo por obra ese conocimiento. El conocimiento es importante, pero la mente humana es equiparable a la memoria de una computadora, que es solamente la acumulación de datos; solo cuando por acción de la voluntad es tomado ese dato o conocimiento es que puede ser implementado. Practicarla y vivirla es sabiduría, obediencia y fidelidad ante Dios. No hacerlo proviene de la ignorancia, de la negligencia, del abandono, de la desobediencia y de la rebelión: *"y al que sabe hacer lo bueno, y no lo hace, le es pecado* (Santiago 4:17 RVR).

Un Espejismo

Hay dos definiciones de esta palabra:

1. Ilusión óptica debida a la reflexión total de la luz al atravesar capas de aire caliente de diferente densidad, lo cual provoca la percepción de la imagen invertida de objetos lejanos, como si se reflejasen en el agua; son frecuentes en los desiertos y en las carreteras de asfalto.

2. La otra definición, producto de la anterior es: Imagen, representación o realidad engañosa e ilusoria.

Esta última definición nos ilustra de manera muy clara que para muchos cristianos la disciplina y experiencia de la oración es solo eso, un espejismo, una realidad engañosa e ilusoria.

Por otro lado, la experiencia de la oración tiene también un grado de especialización, que ya no es para principiantes, sino "para perfectos" (RVA-1ª Cor. 2:6, 7), que a medida que el creyente va creciendo en su experiencia espiritual, se va adentrando en las profundidades de la vida espiritual. Desafortunadamente, por descuido, por ignorancia o intencionalmente, muchos nos hemos quedado practicando solo lo básico, lo superficial, sin ir "adelante a la perfección" (Hebreos 6:1-3). Y en el peor de los casos, muchos ni siquiera tienen la oración como una disciplina personal, sino solamente significa para ellos algo que se practica de manera casual, rutinaria y ceremonial, cuando asisten a la iglesia. En el mejor de los casos, solamente se ha enseñado como un recurso circunstancial "para pedir" cuando estamos en crisis o necesidad. Realmente hay mucho más en este sentido. Solamente hemos vislumbrado la punta del "iceberg," y no hemos descubierto la enorme montaña de posibilidades que se encuentran bajo la superficie.

Inquirir

Representa el acto de tratar de llegar al conocimiento de una cosa, especialmente a través de preguntas, por lo que es muy saludable inquirir acerca de nuestro conocimiento y de nuestros hábitos de oración, con una actitud humilde y sincera, para que con la ayuda del Espíritu Santo podamos comprender y experimentar cual sea la agradable y perfecta voluntad de Dios:

1 Por tanto, hermanos míos, les ruego por la misericordia de Dios que se presenten ustedes mismos como ofrenda viva, santa y agradable a Dios. Éste es el verdadero culto que deben ofrecer.
2 No vivan ya según los criterios del tiempo presente; al contrario, cambien su manera de pensar para que así cambie su manera de vivir y lleguen a conocer la voluntad de Dios, es decir, lo que es bueno, lo que le es grato, lo que es perfecto.
Romanos 12:1, 2 DHH

Como nos daremos cuenta más adelante, las respuestas a estas interrogantes no vendrán de nuestro intelecto, porque podríamos ser demasiado indulgentes con nuestro "ego" que nos susurra al oído que somos muy espirituales, cayendo en la trampa del auto engaño. Si hiciéramos una encuesta acerca de "qué piensa la gente de mi espiritualidad," corremos el riesgo de que varias voces nos adularán diciéndonos lo que queremos oír. En realidad, casi nadie se atrevería a decirnos que no somos espirituales. Lo mejor de todo este asunto es que la respuesta vendrá de la finísima voz, casi imperceptible, del Santo Espíritu de Dios y que, sea cual sea la respuesta, reconocerás tu "hambre y sed de la presencia del Señor," que te conducirá de tal forma que tu vida trascienda a una nueva plataforma o escenario de su divina presencia.

Las preguntas que nos haremos no solo atañen a nuestra persona, sino también a la vida de las congregaciones, tratando de encontrar los obstáculos que se levantan contra "la ciencia de la oración", y de esta manera, implementar estrategias que nos conduzcan a *tomar "las armas de nuestra milicia, que son poderosas en Dios, para la destrucción de fortalezas"* (2ª Corintios. 10:4).

Volviendo a la mencionada ilustración, esta disciplina representa "la práctica" indispensable para adquirir y desarrollar integralmente nuestra fe y nuestro trabajo como creyentes, líderes, ministros o maestros de la Palabra de Dios. Por lo cual debiéramos de inquirir a nosotros mismos, para comenzar a hacer consciencia de esta disciplina espiritual diseñada y ordenada por Dios a través de las siguientes preguntas y de las que tú personalmente quieras hacerte. Si le damos esmerada atención, seriedad e importancia a las siguientes preguntas, de seguro que los resultados también así lo serán:

- ¿Acostumbro a orar (dar gracias a Dios) por los alimentos?
  R: _____

- ¿Oro cuando me levanto y cuando me acuesto?
  R: _____

- Tiempo que paso en oración todos los días
  R: ____Hs.____ Minutos

- ¿Le encuentro sentido a orar incesantemente?
  R: _____

- ¿Sé lo que es el clamor y el quebrantamiento de corazón?
  R: _____

- ¿Sé lo que son los gemidos indecibles?
  R: _____

- ¿Llevo una vida diaria consistente de oración?
  R: _____

- ¿Es mi vida de oración el pilar de mi ministerio?
  R: _____

- ¿Enseño a los nuevos creyentes la ciencia de la oración?
  R: _____

- ¿Llevamos a cabo reuniones semanales de oración?
  R: _____

- ¿Realizamos vigilias de oración mensualmente?
  R: _____

- ¿Conozco todas las modalidades bíblicas para orar?
  R: _____

- ¿Implanté este hábito diario en mi vida?
  R: _____

- ¿O solo se ha convertido en algo casual?
  R: _____

- Si ya tenía yo este hábito, ¿en qué momento de mi vida fue que lo perdí?
  R:_____

- ¿Cómo y cuándo lo puedo recuperar?
  R:_____

La realidad solo tú, querido lector, la conoces mejor que nadie. Dios nos amonesta y hasta nos sacude en nuestro interior diciéndonos:

14 Despiértate tú que duermes, levántate de los muertos,
y te alumbrará Cristo.
15 Mirad, pues, con diligencia cómo andéis;
no como necios sino como sabios,
16 aprovechando bien el tiempo, porque los días son malos.

17 Por tanto, no seáis insensatos, sino entendidos
de cuál sea la voluntad del Señor.
Efesios 5:14-16 RVR

Capítulo 1
Qué es la Espiritualidad

No que ya haya alcanzado, ni que ya sea perfecto;
sino que prosigo, por ver si alcanzo aquello
para lo cual fui también alcanzado de Cristo Jesús.
Filipenses 3:12
San Pablo

No estaré abordando el tema de la espiritualidad desde una perspectiva multidisciplinaria, es decir, no haciendo referencia a otras formas de espiritualidad como lo son el brahmanismo, budismo, hinduismo, etc., sino solo dentro del enfoque judeo cristiano, del cual podemos encontrar amplias referencias, principalmente de las Sagradas Escrituras.

La espiritualidad es pues, la parte de la teología que estudia el dinamismo que produce el Espíritu Santo en la vida del alma: cómo nace, crece, se desarrolla, hasta alcanzar las metas a las que Dios nos llama desde siempre. La espiritualidad es en el cristiano, lo que la personalidad es para la gente común. Un cristiano que no se preocupa por su espiritualidad, es como una persona que no cuida su personalidad.

En los anales de la historia humana podemos ver que, desde sus inicios, ya el hombre es un ser diseñado por Dios "conforme a su imagen," integrado por espíritu, alma y cuerpo. Bajo este trinomio de la creación, el hombre busca y expresa a la divinidad sus más íntimos pensamientos, sentimientos y emociones, a lo cual le llamamos espiritualidad.

Los Polos Contrarios

La espiritualidad en general se proyecta en dos direcciones opuestas. Una es dirigida al cielo de "los dioses santos" (Daniel 4:8), hacia la dimensión de la luz, donde habita el único Dios, Creador del universo, en medio de la santidad, y la otra se orienta en dirección opuesta, hacia el cielo de los dioses ángeles caídos, en la dimensión de las tinieblas.

Viendo este proceso desde una perspectiva global, multicultural, podemos ver que desde las más remotas formas tribales hasta nuestro tiempo, siempre han existido múltiples formas y manifestaciones de la espiritualidad, ya sea en su relación con la naturaleza y el cosmos o con la (s) divinidad (es), y todo esto, en la mayor parte de las culturas que han devenido a través de la historia humana. Lo mismo sucede con los pueblos y naciones monoteístas que creen en un solo Dios, que con las politeístas, que tienen en su haber múltiples divinidades, principalmente en las culturas paganas antiguas. Las creencias que hoy existen son producto de las religiones de antaño. El hecho de ser paganas, no las priva de una espiritualidad consagrada a esos dioses caídos, que no son otra cosa que los espíritus de las tinieblas que han sido entronizados a un nivel de divinidad.

El Animismo

Antes que se formaran las grandes escuelas de pensamiento teológico, los seres humanos, ante la carencia de conocimientos formales en cuanto a la espiritualidad, se orientaron hacia las concepciones espirituales que el mundo natural les ofrecía. Así, muchos comenzaron a volcarse hacia lo que la madre naturaleza manifestaba, dando margen a las creencias personales, según cada uno las podía definir, unos mejor que otros.

El animismo (del latín alma) es un concepto que engloba diversas creencias en las que tanto los objetos (útiles de uso cotidiano o bien aquellos reservados a ocasiones especiales) como cualquier elemento del mundo natural (montañas, ríos, el cielo, la tierra, determinados lugares característicos, rocas, plantas, animales, árboles, etc.) están dotados de alma y son venerados o temidos como dioses.[1]

Si bien dentro de esta concepción cabrían múltiples variantes del fenómeno, como la creencia en seres espirituales, incluidas las almas humanas, en la práctica la definición se extiende a que seres sobrenaturales personificados, dotados de razón, inteligencia y voluntad, habitan los objetos inanimados y gobiernan su existencia. Esto se puede expresar simplemente como que todo está vivo, es consciente o tiene un alma.

Dicho de otra manera, según los seguidores del animismo, existen toda una serie de entes espirituales, de entre los cuales se incluyen el alma humana, que ocupan todo tipo de seres y objetos tanto animados como inanimados, por lo que todo aquello que nos rodea, todos y cada uno de los elementos que existen en el mundo, poseerían un alma o una esencia de consciencia.

Así nacen las creencias de que las fuerzas de la naturaleza son dirigidas por entes espirituales, tales como los relámpagos, truenos, tempestades, terremotos, erupciones volcánicas, etc. A esas entidades espirituales se les asigna una categoría de dioses o semidioses que gobiernan el universo, propio de las mitologías antiguas. Junto con toda esa jungla de creencias se da la interrelación y comunicación con tales espíritus, donde tienen sus orígenes el espiritismo, chamanismo, hechicería, brujería y todas las variedades de adivinación. También se desarrolla la creencia en hadas, duendes, genios, fantasmas, espíritus guías o protectores, ángeles o demonios, como más adelante lo han

1 Animismo. http://diccionario.sensagent.com/Animismo/es-es/

de establecer las religiones formales de la historia humana, con un destino después de la muerte llamado cielo o paraíso –en el caso de la gente buena– o por otro lado, un lugar de condenación –para los malvados.

La Mitología

Es la disciplina que analiza el conjunto o explicación de los mitos y sus raíces. Cada civilización tuvo sus propios mitos a través de la historia y así fueron desarrolladas las mitologías. Los mitos son las narraciones imaginarias acerca de los antiguos dioses y héroes. Así encontramos algunos ejemplos clásicos de esos cultos paganos, en la mitología de pueblos como la mitología griega, romana, mesopotámica, germánica, céltica, china, hindú; mitos y creencias de las naciones indias de Norteamérica, México, centro y Suramérica, etc. etc. En lo que respecta a la espiritualidad, también los cristianos han elaborado sus propios mitos y creencias imaginarias, porque no se apegan a las Sagradas Escrituras, las cuales son nuestra regla de fe y práctica. De este tópico estaremos reflexionando más adelante.

Un Hilo de Oro en la Historia

Entre las últimas culturas y naciones mencionadas en el contexto anterior, no mencioné a los hebreos, por ser este el hilo de oro que se ha deshilvanado a través de la historia, en el contexto de la raza Adámica. ¿Dónde comienza la punta de la gran madeja dorada de la espiritualidad? Tenemos que remontarnos al mismo "huerto del Edén." En el principio, Dios creó al hombre (la raza humana), conforme a su imagen y semejanza (Génesis 1:26, 27). La historia de la creación ya más o menos la conocemos.

La relación con la divinidad comienza en el huerto del Edén. Era cosa cotidiana que "la voz de Jehová" se paseara en el huerto. Uno de los grandes propósitos de crear a la humanidad fue para tener "comunión" con ellos. Y así era la vida en el huerto. Había una perfecta comunión –comunicación– entre Dios y los hombres. No había impedimentos que estorbaran la comunión de la que disfrutaban, hasta que se vio interrumpida por causa del pecado. Pablo nos lo explica:

> Por tanto, como el pecado entró en el mundo por un hombre, y por el pecado la muerte, así la muerte pasó a todos los hombres, por cuanto todos pecaron.
> *Romanos 5:12*

No obstante, aquellos bienaventurados conocedores de lo que era la comunión, aunque ya fuera del huerto, con el paso del tiempo transmitieron dicho conocimiento y práctica a sus descendientes directos, es decir, a sus hijos y familiares. De acuerdo a los escritos sagrados de los Hebreos, los primeros grupos sociales que comenzaron a poblar la tierra fueron de carácter patriarcal. El jefe de la familia era por lo general, el que transmitía los conocimientos espirituales a sus hijos y a su familia en general. En el capítulo cinco de Génesis tenemos la descripción de las primeras generaciones hasta Noé. Ellas son identificadas por el nombre del patriarca en turno.

De esta manera, tenemos que Adán enseñó a sus hijos a tener comunión con Dios. Destaca el hecho que sus dos hijos, Caín y Abel, hicieron su altar cada uno, para ofrecer ofrenda y sacrificio a Dios. Sin embargo, Caín tuvo su manera muy particular de vivir la vida, por lo cual se apartó del núcleo familiar, después de la muerte de Abel. Así que el siguiente adorador en turno lo fue Set, tercer hijo de Adán. Él continuó deshilvanando el hilo de oro de la adoración a Dios, y lo pasó a las siguientes generaciones. En especial, en la generación de su hijo Enós, el culto o adoración a Jehová adquirió más relevancia social, porque *"los hombres (de esa época) comenzaron a invocar el nombre de Jehová* Génesis 4:26. Siguiendo la línea generacional, nos damos cuenta que varios de los patriarcas antediluvianos, no solo conocieron, practicaron y vivieron un tipo de espiritualidad aprendido a través de la "tradición oral", sino que el testimonio que algunos de ellos dejaron, dejó de manifiesto que era de la más alta espiritualidad, practicando un tipo de adoración a Dios tal, que "Dios lo llevó" en vida, sin conocer la muerte; su nombre Enoc (Génesis 5:24).

Así transcurren los siglos y las generaciones después de Noé, y el hilo de oro continuó hasta llegar a Abraham, "el padre de la fe". Siguió con Isaac, Jacob, y sus doce hijos.

En alternancia con las actividades propias de cada uno de ellos, sus vidas se vieron marcadas con un sello indeleble, transgeneracional, que fue el de la "verdadera adoración". Cada uno de ellos sabía lo que era vivir "en la presencia de Dios." Era un estilo de vida. Desde Set en adelante, ellos serían la raíz y el linaje de un "pueblo de profetas," Israel. A Moisés le tocaría consolidarlos como nación santa, y de ahí en adelante, no faltarían hombres y mujeres que siempre estuvieran en la presencia de Dios.

La Aportación de Israel al Mundo

Israel, ya integrada como nación y como pueblo de Dios, es constituida como la privilegiada beneficiaria de la Ley de Dios, tal como la conocemos en las Sagradas Escrituras. Ellos fueron un *"especial tesoro"* para Dios, sobre todos los pueblos; y serían constituidos como *"un reino de sacerdotes y gente santa"* (Éxodo 19:5,6).

La gran aportación literaria y espiritual que Israel legaría al mundo fue la Ley de Dios, la cual significó, una apertura formal a la espiritualidad, primeramente para ellos, y en segundo para el mundo entero, es decir, para ser "luz a las naciones" (Isaías 60:1-3). Por otro lado, el establecimiento del Shabbat, el día del reposo, tendría un significado tan profundo, que apenas si se logró comprender en su parte más superficial. El Espíritu Santo apuntaba hacia la espiritualidad más profunda primeramente para ellos, después para toda la humanidad. Sin embargo, los israelitas le fallaron al Señor. Se apartaron de su Dios y de su Ley. La espiritualidad se perdió. El Señor se indignó y los profetas callaron. La comunión se perdió y el diálogo se interrumpió. Un ruido mayor fue subiendo de volumen, el cual opacó la voz de Dios en sus corazones. Cuatrocientos años de silencio profético sumieron a Israel en el destierro y en el anonimato. Dejaron de ser nación.

Sin embargo, tras la revuelta de los macabeos, los esenios, fueron un movimiento judío en el desierto, establecido probablemente desde mediados del siglo II a. C. Ellos recuperaron mucho de la espiritualidad que la nación había perdido. Eran comunidades de una alta consagración a Dios, en ayunos, oraciones, y en observancia de los escritos sagrados. También se levantó más adelante otro movimiento de tipo espiritual conocidos como los "fariseos," en el contexto posterior al movimiento macabeo. Tuvieron probablemente su "clímax", donde ser fariseo era algo muy loable, celosos guardadores de la Ley.

La Espiritualidad en el Nuevo Testamento

Transcurrido el periodo inter-testamentario, la espiritualidad vuelve a emerger en uno de los *"profetas más grandes nacidos de mujer"* (Lucas 7:28): Juan el bautista. Este profeta viene preparando el escenario mesiánico durante un periodo muy corto de unos cuantos meses, para que hiciera su aparición el personaje que partió en dos la historia de la humanidad. Su nombre es Jesús, hijo de Dios, Dios hecho hombre.

Jesús es la mejor aportación espiritual que Israel pudo haberle dado al mundo. Él llega al rescate de una nación que había perdido la espiritualidad: las *"ovejas perdidas de la casa de Israel,"* a pesar de la religión establecida, fría, hipócrita, legalista y ritualista, y de un imperio (el Romano) que tenía subyugado al pueblo de Israel. Él es el que inaugura el reino de Dios y, por otro lado, el solemne anuncio de la restauración de "la verdadera adoración" que haría de sus discípulos "verdaderos adoradores;" (Juan 4:23, 24). El hilo de oro continúa deshilvanándose.

Los Maestros de la Oración

Algunos analistas de la historia sagrada piensan que Juan el Bautista pasó la mayor parte de su juventud, preparándose para ejercer su ministerio al lado de los Esenios. Sea que sí o que no, lo cierto es que fue un experto en el arte de la oración a un grado extremo, en los desiertos de Judea. Jesús mismo dio testimonio de él al decir, que *de los hombres nacidos de mujer, no se había levantado profeta más grande que Juan el Bautista* (Lucas 7:28). Sus discípulos fueron enseñados en la ciencia de la oración.

De los discípulos de Jesús, uno de ellos dijo a su maestro: *"Señor, enséñanos a orar, como también Juan enseño a sus discípulos"* (Lucas 11:1). De modo que, ante tan importante petición, Jesús se tomó el tiempo y la dedicación personal, para enseñar a sus discípulos a orar, según lo han logrado aprender también, los discípulos de todas las épocas. Y así fue con los apóstoles a los cuales Jesús capacitó. Lo que aprendieron del maestro, no fue algo tan superficial logrado a través de la retórica, sino principalmente, a través del ejemplo. Todo lo que Jesús les enseñó en cuanto a la vida espiritual y a los misterios del reino de los cielos, quedó respaldado por el ejemplo que les dio, hasta su misma muerte... *"porque ejemplo os he dado"*... (Juan 13:15). En pocas palabras –que dicen mucho– les enseñó tan específicamente cada detalle de la ciencia de la oración, que Mateo (6) solo nos habla de ciertos detalles en pequeñas frases y ejemplos. Sin embargo, Lucas, aunque también con pocas palabras, lo resume diciendo que... *"También les refirió Jesús una parábola sobre la necesidad de orar siempre, y no desmayar"* (Lucas 18:1) y luego una ilustración.

Los Padres Apostólicos

El carísimo hilo de oro (de la oración) continúa extendiéndose de Jesús a sus discípulos, y de ellos a los miles de congregaciones cristianas del primer siglo, es decir, a los "Padres Apostólicos." Éstos a su vez, a los "Padres de la Iglesia," y subsecuentemente a las generaciones siguientes a ellos hasta unos siglos más adelante. Siguiendo los episodios de la historia del Cristianismo de los primeros siglos, llegó la espiritualidad cristiana a consolidarse tan sólidamente, que resistió a todos los embates de las falsas doctrinas, al politeísmo del Imperio Romano, y sobre todo, a las persecuciones desatadas por los emperadores o los gobernadores de las naciones subyugadas por el Imperio. La práctica de la "oración incesante" aprendida por los cristianos de los primeros siglos no era algo casual, ritual o ceremonial. Era la experiencia más conocida y practicada por ellos junto con la predicación del Evangelio. Era, en mayor o menor grado, su estilo de vida, parte substancial de su existencia.

El Monacato

El monacato surge principalmente en las dos últimas décadas del siglo III y lo hace a raíz de que algunos cristianos se desligan de su vida cotidiana, es decir, de su familia, de sus pertenencias, etc. Y se retiran a la soledad para llevar una vida de austeridad voluntaria. Austeridad que se refiere a lo familiar, económico, alimentario, vestimenta, castidad, etc. En fin, normas impuestas por ellos mismos con el objetivo de seguir el ejemplo de Cristo. A los integrantes de los monasterios se les conoce normalmente como "monjes," y "monjas." Este fue un movimiento muy especial dentro del desarrollo del cristianismo de los siglos posteriores al siglo IV D.C. Para el objeto de este estudio es de capital importancia mencionar que, con la aceptación del cristianismo por parte del emperador Constantino el grande, el Cristianismo se convierte en la religión oficial del imperio, a mediados del siglo IV, y con ello comienza el deterioro y la descomposición de la pureza espiritual heredada de los padres de la iglesia de los tres primeros siglos. No obstante, los monasterios de hombres y mujeres cristianos se convierten en las fortalezas amuralladas donde se habría de preservar a salvo el ejercicio de la fe, la oración, y la vida contemplativa, por varios siglos más.

Durante toda la "edad media" permeó el obscurantismo en casi todo el mundo cristiano, y aun en el mundo entero. Fueron siglos de tiniebla espiritual. La espiritualidad, en su pureza, cayó en la oscuridad. La llama de la oración contemplativa pasó a ser privilegio de portadores solitarios, de místicos y ascetas, y en algún momento, de pequeños grupos de creyentes. La alta espiritualidad quedó consignada solamente en los libros de texto de los primeros siglos, que se lograron conservar dentro de las bibliotecas frías y oscuras de los monasterios.

La Reforma Protestante

Con el advenimiento del "protestantismo" se vuelven a encender las luces de la sana espiritualidad a lo largo y ancho de Europa, a través del movimiento Luterano, Calvinista y de otros reformadores. Posteriormente en Inglaterra también emergen movimientos evangélicos y que alcanzan a América del Norte y Canadá, a través del avivamiento Wesleyano. Todos esos movimientos siguieron un patrón gráfico: nacieron, crecieron, tuvieron su clímax, se entibiaron y acabaron por mantenerse solo como religiones tibias, hasta quedar solo una espiritualidad nominal, muerta, como la de la iglesia apocalíptica de Sardis, *"que tienes nombre de que vives, y estás muerto"* (Apocalipsis 3:1). La espiritualidad no vuelve más a ser expresada a través de la oración incesante, ni del fervor apasionado de la verdadera adoración. Otra vez este hilo de oro solo fue preservado por individuos y comunidades muy aisladas, no por las grandes organizaciones religiosas.

"Viento Recio"

Ya para finales del siglo XIX y principios del XX resurgen varios brotes de renovación espiritual, principalmente en los Estados Unidos, a través de la poderosa corriente espiritual denominada "pentecostalismo." En las montañas del sur de Carolina del Norte, en el sureste de Tennessee; en la calle Azuza en los Ángeles, California y en Topeka, Kansas. De ahí se dispersa esta corriente por todo el mundo occidental y varias naciones de Asia. En la actualidad se estima que la población de pentecostales en el mundo es superior a los seis cientos millones de personas. Se reproducen a una velocidad de diez y nueve millones por año.

No obstante, a pesar del "fuego" del Espíritu que les da calor, fuerza y salud a los abrigados bajo las alas del pentecostalismo, hay un gran abandono de la espiritualidad, y mucho desconocimiento de la disciplina de la oración, principalmente en los niveles ministeriales. En el caso de que tengan algún conocimiento, es algo completamente de carácter orgullosamente intelectual, pero no de experiencia humildemente espiritual, con el debido respeto que cada uno se merece.

Para concluir con este segmento, es evidente que la preciosísima "madeja del hilo de oro" que comenzó a deshilvanarse desde el huerto del Edén, ha alcanzado una longitud de cerca de 5777 años (de acuerdo con el calendario Judío), y nos ha alcanzado hasta nuestros días. Esta metáfora es para simbolizar el íntimo y profundo secreto –misterio– de "la oración en el espíritu," también llamada, "incesante," o "trascendente," que es más que nada "transformadora."

Elementos de la Espiritualidad

La espiritualidad en su perspectiva general presenta también diferentes niveles o grados de servicio o de comunión con la divinidad. Esto es, los que son ministros y oficiantes, los creyentes que colaboran y participan presencialmente, y los que solamente profesan su creencia de una forma nominal, aunque no necesariamente participando activamente en el culto o rituales de tal o cual religión, culto o creencia en particular.

La espiritualidad está relacionada con otros conceptos afines, de los cuales la adoración es el más determinante de ellos. A su vez ésta (la adoración), está integrada con los componentes de la oración, el ayuno, culto, liturgia, sacramentos, ceremonias, rituales; altar, santuario, alabanza, música y canto, el estudio o exposición de los libros sagrados, ofrendas, sacrificios, y obviamente, los adoradores, la divinidad objeto de adoración o de culto, y los ministros oficiantes.

En la historia sagrada de occidente, lo que conocemos tocante a la espiritualidad lo debemos a los escritos sagrados, la Biblia, en donde vemos deshilvanarse un hilo de oro a través de las generaciones de los tiempos de Abraham, los imperios vetero-testamentarios como Babilonia, Egipto, Asiria, Medo-Persas, Griegos, Romanos, y grandes pueblos que tuvieron su protagonismo en el Oriente Medio como los que son mencionados en la conquista de la Tierra Prometida. Lo mismo sucede con las culturas y civilizaciones de oriente donde se han perpetuado antiguas formas de espiritualidad heredadas de los brahmanes o vedas, budistas o hinduistas, sumando otras formas como el Taoísmo, Confucianismo, etc.

Altares de Sacrificio

Altar de tierra harás para mí, y sacrificarás sobre él
tus holocaustos y tus pacíficos, tus ovejas y tus vacas:
en cualquier lugar donde yo hiciere que esté la memoria
de mi nombre, vendré a ti, y te bendeciré.
Éxodo 20:24

En los primeros tiempos los altares eran construidos de piedras, sobre las que se ofrecían sacrificios a Dios. Los altares se erigían como lugares para allegarse a Dios, siendo los sacrificios y las ofrendas la base de aquella relación con Dios. Eran –los altares– un lugar de invocación y encuentro con Dios, donde a veces Dios respondía por fuego. Los holocaustos y ofrendas estaban estrechamente ligados con el altar de Dios. Levítico Capítulos 1-4. El holocausto designa particularmente sacrificio o inmolación de animales; representan tipológicamente a Cristo.

El primer altar del que tenemos mención en las Escrituras, es el que levantó Abel por un lado, y su hermano Caín por otro (Gn. 4:3-16). Damos por hecho que los descendientes de Seth –tercer hijo de Adán–, también sabían perfectamente como invocar el Nombre del Señor ante un altar, pues nos dice la escritura que a partir de Enós, *"los hombres comenzaron a llamarse del nombre de Jehová"* (Gn. 4:26). Los pueblos paganos hacían lo mismo en honor de los falsos dioses.

Noé también, al abandonar el Arca después del diluvio (Gen. 8:20): *Y edificó Noé un altar á Jehová y tomó de todo animal limpio y de toda ave limpia, y ofreció holocausto en el altar.* Posteriormente, Abraham levantó altares a Jehová (Génesis 12:7,8). Uno de esos lugares fue en la tierra de Moriah, donde ofreció a su hijo Isaac (Gn.22:2-18). Cabe mencionar que ese es un altar muy memorable hasta el día de hoy, pues ahí se edificó el primer templo judío bajo el reinado del rey Salomón. Isaac hizo lo mismo en Beer-seba (Gn. 26:23-25). Jacob lo hizo en Sichem (Gn. 33:18-20), y más adelante recibió instrucciones de Jehová de levantar un altar en Bethel (Gn.35:1-7). A Moisés se le mandó que en todos los lugares donde Dios hiciere estar la memoria de su Nombre, le deberían erigir un altar de madera, de tierra o de piedra (no labrada), y ofrecer encima ovejas y bueyes como holocausto y ofrendas de paz. (Éxodo 20:24).

El Altar de Bronce

Recibía también el nombre de 'altar del holocausto'. En él estaba encendido el fuego de continuo (Lev. 6:9), y era en él que se consumían las ofrendas.

Tenía un cuerno en cada esquina, sobre los que se ponía sangre de la ofrenda por el pecado. Allí se acogían a refugiarse los que buscaban protección –cuando estaban en riesgo de perder la vida–, aferrándose a los cuernos del altar (1ª. reyes 1:50, 51; Éxodo 21:14).

El Altar del Incienso

Recibe también el nombre del "altar de oro". Estaba situado en el lugar santo, junto con el candelabro de oro y la mesa de los panes de la proposición. Sobre este altar se debía quemar incienso mañana y tarde, tipo del Señor Jesús, como perpetuo olor agradable a Dios. Fue al lado de este altar que se le apareció el ángel a Zacarías para anunciarle la concepción y el nacimiento de Juan el bautista (Lucas 1:11).

El fuego era parte activa en los altares. Un altar sin fuego no sirve. No consume nada. No manifiesta nada natural ni sobrenatural.

Para Dios son importantes los altares, porque son el punto de encuentro con Él. El altar es el lugar donde se presentan nuestras vidas en sacrificio vivo, santo y agradable a Dios, lo cual es nuestro racional culto (Romanos 12:1, 2).

Las naciones donde se practica la idolatría desde hace muchos siglos, los altares adquirieron mucha relevancia, que no solo en los templos los erigían, mas también en los propios hogares, aunque solo conteniendo la representación de sus "santos patronos" o deidades en pequeñas figurillas, adornándolos con flores y velas.

Los Altares de los Grupos Pequeños

Por otro lado, desde los tiempos de la iglesia primitiva, los altares adquirieron una enorme importancia para los cristianos, pues para ellos constituía un altar, la reunión de algunas personas con el propósito de invocar el Nombre del Señor. Así se propagó la difusión del evangelio, según consta en los Hechos de los Apóstoles. El principio bíblico para tener un "altar de oración" en los propios hogares fue dado por el mismo Señor Jesucristo: *"Porque donde están dos o tres congregados en mi nombre, allí estoy en medio de ellos"* (Mateo 18:20).

A través de los siglos, algunas comunidades cristianas han aplicado este principio, lo cual les ha dado una sólida dinámica de integración, espiritualidad, proselitismo y crecimiento. Los moravos dieron cuenta de ello. El avivamiento metodista tomó una forma concreta cuando John Wesley, a partir de 1742, organizó a los convertidos en grupos –que llamó "sociedades", "clases" y "bandas"– donde buscaban conservar su fe, su nueva forma de vida, y mantenerse en el camino hacia la santidad.

Contemporáneamente, muchas iglesias alrededor del mundo han enfocado su atención hacia los grupos pequeños bajo el sistema de evangelización y crecimiento, conocido con el nombre de "sistema de células," o con cualquier otro nombre relacionado con los grupos pequeños. Lo relevante de todo esto, es que es que cada hogar se convierte en un altar donde se invoca el Nombre del Señor, y se estudia la Palabra de Dios.

Capítulo 2
Qué es la Oración

Definiciones

En términos de espiritualidad se hace necesario comprender su significado en el contexto de la cristiandad occidental. De hecho, hay varias declaraciones al respecto: Quizá la más sencilla pero más completa sea la que nos proporcionan algunos diccionarios, por ejemplo:

Desde el punto de vista espiritual es "dirigirse mentalmente o de palabra a una divinidad o a una persona sagrada, frecuentemente para hacerles una súplica (Diccionario de la Real Academia Española).

Esta primera definición, de la Real Academia Española, es muy genérica y universal (politeísta), ya que esta descripción rompe el molde del monoteísmo (Éxodo 20:1-5), pues se da a entender que la oración es válida tanto si va dirigida al único Dios del que habla la Biblia, como a cualquier otra divinidad, ángel, santo (a), virgen, espíritu o demonio, lo cual está completamente alejado de la ortodoxia. Por lo tanto, tomaremos como referencia, las otras dos definiciones, las cuales nos vinculan con mayor exactitud al tema que nos ocupa, esto es, a los conceptos de creer, interceder, suplicar, rogar, adorar, pedir y orar fervientemente.

- En el idioma hebreo "oración" proviene de *"tefilá"* (Strong, 8605), que significa: Intercesión, súplica y ruego; y en el idioma griego de la palabra *"proseuchomai"* que significa: suplicar, adorar, hacer oración, orar y pedir (Strong 4336), y de *"proseujé"* que significa: orar fervientemente (4335, Diccionario Strong de palabras originales del hebreo y del griego).[2]

- Del latin *precari*, "suplicar." Enfoque humano hacia Dios y dirigirse a Dios en alabanza y adoración, confesión, acción de gracias, súplica e intercesión. Una conciencia de la presencia de Dios, amor, dirección y la gracia de Dios pueden ser experimentadas.[3]

Condiciones Básicas

Hay tres cosas implicadas en la oración: primero, el amor a quien se invoca y se adora, porque ¿cómo amar, invocar y adorar a alguien que no se conoce? Segundo, el conocimiento fundamental de la comunión con Dios; tercero, la fe, pues ...

"Sin fe es imposible agradar a Dios, porque es necesario que el que a Dios se allega, crea que Él existe, y que es galardonador de los que le buscan."[4]
Hebreos 11:6

Si no se cumple con estas tres condiciones, la oración puede resultar deficiente; sería estéril y serviría de poco o de nada. Muchas veces resulta frustrante. Esa es la razón por la que muchos desisten de la oración. Principalmente si no tienen un guía o maestro que les enseñe.

2 Strong, James; *Concordancia Exhaustiva de la Biblia.*

3 McKim, Donald K. Diccionario Westminster de Términos teológicos. (Westminster John Knox Press, Lousville, Kentucky, 1996) p.216 en inglés solamente.

4 Traducción Jubilee Bible 2000

Para el cristiano, orar debe ser más que una opción. Ella representa la conexión de su espiritualidad y de su fe. Sin fe y sin oración es imposible agradar a Dios. Ser cristianos implica no solo seguir a Jesús sino más aún, conocerlo y mantener un constante diálogo con Él, no un monólogo. La oración es intrínseca al cristianismo. El creer en Jesús como nuestro Señor y Salvador, nos lleva a tener una relación personal permanente con Él.

Es sencillo entender este concepto, porque es muy familiar a los creyentes cristianos en general. Sin embargo, hemos conocido diferentes "estilos" de practicarla.

En términos simples esta es la palabra que discurre a través de toda la Biblia, la cual denota la comunicación directa del hombre con Dios: de la boca del hombre al oído de Dios; del corazón del hombre al corazón de Dios. Del espíritu del hombre al Espíritu de Dios.

Es uno de los ejercicios espirituales más practicados por el pueblo de Dios, por los hombres santos de todos los tiempos y por el mismo Jesucristo. Él es el maestro de la oración por excelencia. Él es el que la inspira. La oración está relacionada con los siguientes términos y conceptos: invocar, alabar, agradecer, adorar, bendecir, exaltar, magnificar y reconocer la grandeza, los atributos y la obra de Dios, su gracia y su misericordia. También significa rezar, suplicar, pedir, gemir, clamar, rogar.

Oraciones Prohibidas en la Biblia

A otros dioses

La Palabra de Dios es muy explícita, clara y radical en el aspecto de la adoración divina. Dios no da margen a "permisiones" o cláusulas que permitan una excepción. En Éxodo 20:3-6 leemos el primer mandamiento del Decálogo, como sigue:

[3] No tendrás dioses ajenos delante de mí. [4] No te harás imagen, ni
ninguna semejanza de lo que esté arriba en el cielo, ni abajo en la
tierra, ni en las aguas debajo de la tierra. [5] No te inclinarás a ellas,
ni las honrarás; porque yo soy Jehová tu Dios, fuerte, celoso, que
visito la maldad de los padres sobre los hijos hasta la tercera y cuarta
generación de los que me aborrecen,
[6] y hago misericordia a millares, a los que me aman y guardan mis
mandamientos.
Éxodo 20:1-6

Este mandato divino incluye la prohibición de dar adoración a ángeles, a seres humanos "canonizados" que han muerto, llámense "santos" o "vírgenes;" esta prohibición es extensiva a la invocación y adoración de espíritus y de demonios.

"Prohibido Imaginar"

En pocas palabras significa crear imágenes en la mente que es el lugar donde se originan, y luego en el mundo natural. Imaginar significa formar en la mente la representación de sucesos, historias o imágenes de cosas que no existen en la realidad o que son o fueron reales pero no están presentes. También es sinónimo de inventarse algo en la mente, fantasear, forjar, idear, conjeturar, figurar, sospechar, suponer. De ahí se deriva la imagenología y la idolatría.

Bajo este subtítulo quiero describir el fundamento bíblico que hay para prohibir la adoración de ídolos e imágenes, a lo que comúnmente le llamamos "idolatría." Ella está prohibida reiteradamente a lo largo de toda la Biblia. Es abominación a Jehová cualquier forma en que sea practicada. Su punto de origen es la mente. La mente es el conjunto de facultades cognitivas (mentales) que engloban procesos como la percepción, el pensamiento, la conciencia, la memoria, la imaginación, etc.

Una importante función de la mente humana es la imaginación. Ésta, junto con otros órganos de la mente, es la encargada de "procesar" imágenes del medio ambiente. No se debe interpretar que los procesos de la imaginación sean malos, sino que se debe tener un claro discernimiento cuando hacemos uso de ella, para no caer en actitudes o decisiones distorsionadas que nos conduzcan a la idolatría o a otros errores de percepción. Dicho de otra manera, "la imaginación es un proceso superior que permite al individuo manipular información generada intrínsecamente con el fin de crear una representación percibida por los sentidos de la mente. «Intrínsecamente generada» significa que la información se ha formado dentro del organismo en ausencia de estímulos del ambiente. En lo que respecta a «sentidos de la mente», son los mecanismos que permiten «ver» un objeto que se había visualizado previamente, pero que ya no se encuentra presente en el ambiente."[5]

Dentro de la prohibición de la imaginería religiosa está incluida hacer imágenes del mismísimo Dios, porque ¿Cómo podrán representar la imagen de alguien a quien nadie ha visto? San Juan lo dice con toda claridad:

> 18 A Dios nadie le vio jamás; el unigénito Hijo,
> que está en el seno del Padre, él le ha dado a conocer.
> *San Juan 1:18 RVR*

De la misma manera en el libro de Isaías Dios mismo pregunta:

> ¿A quién me asemejáis, y me igualáis, y me comparáis,
> para que seamos semejantes?
> *Isaías 40:18, 25; Isaías 46:5, 9*

5 https://educalingo.com/es/dic-es/imaginar

Prohibición de la Idolatría

En la anterior definición encontramos la clave para descubrir el origen de la "idolatría," su desarrollo y el culto que Dios prohíbe a su pueblo. Permítame explicarlo de una manera breve y sencilla: la imaginación proyecta al intelecto imágenes previamente almacenadas en la memoria, que fueron adquiridas por medio de los sentidos, principalmente la vista. Asimismo, en armonía con la memoria y otras funciones de análisis y síntesis de la mente, construye imágenes que provienen de fenómenos de la naturaleza, como el sol, la luna, los astros, los relámpagos, la lluvia, etc., que se aprecian en documentos, códices antiguos, esculturas, pinturas rupestres o bocetos prehistóricos en las rocas o en las cavernas.

En materia de adoración, existe la posibilidad de que no solamente Dios sea adorado. Es cosa común ver los cultos idolátricos, en la historia de todos los pueblos, culturas, civilizaciones e imperios de la antigüedad. Como veremos, también los habitantes y entes del "inframundo" suelen ser objeto de adoración, por parte de los pueblos paganos.

De la misma manera sucede con las percepciones espirituales y paranormales que impresionan la mente del individuo profundamente. "Paranormal" es un término global usado para describir fenómenos inusuales o experiencias que no tienen una explicación científica obvia. Es usado en la parapsicología para describir fenómenos psíquicos ostensibles de telepatía, percepción extrasensorial, psicoquinesis, fantasmas y visitas espirituales (casas visitadas o embrujadas), apariciones de todo tipo, etc.

De ahí nace –de la imaginación– todo tipo de adoración de imágenes, generalmente de "apariciones" como las del indio "Juan Diego," o del "santo niño de Atocha y de las vírgenes y santos de muchas religiones alrededor del mundo. Para resumir, todas estas experiencias, producto de las apariciones, sueños y visiones paranormales, han quedado prohibidas por el mismo Dios, Creador del cielo y de la tierra.

Prohibición del Ocultismo

La idolatría también es considerada como una forma muy generalizada de ocultismo. Es el tipo de adoración mejor aceptado por algunas religiones y sectas de la tierra. Los dioses paganos y toda escultura e imagen con carácter ritual, ceremonial o religioso, nacieron en la imaginación y en la mente de los pueblos paganos. Esta forma de adoración abriga bajo su sombra todo tipo de prácticas ocultistas, siendo la principal de ellas "el culto a los muertos." En el libro de Deuteronomio 18:9-14 encontramos esta prohibición, junto con otras prácticas ocultistas, emanada también de la expresa voluntad del Omnipotente, según se explica más adelante.

Israel no fue la excepción en violar este mandamiento, invocando espíritus del mal, demonios, y potestades del inframundo. Ezequiel nos habla acerca de la profanación del templo de Jehová en Jerusalén, que lo habían convertido en un centro de idolatría y de invocación y culto a los demonios. La narrativa de esta visión la encontramos en el capítulo 8 de Ezequiel, donde le es mostrada la contaminación espiritual en la Casa de Dios, por parte de sacerdotes y de ancianos (líderes espirituales), de varones y mujeres, endechando, clamando, adorando y rindiendo culto a las imágenes de demonios, de animales, y de dioses extraños en su máxima expresión. Esa abominación causó que la gloria de Dios se retirara de su templo; una gloria que no ha regresado en más de 2600 años.

Conviene traer a nuestro recuerdo si ya lo sabemos, o a un nuevo conocimiento si no, el mandato específico de Dios de no practicar ninguna clase de "ciencias ocultas."

La palabra ocultismo proviene del latín *ocultus,* "secreto guardado, reservado, escondido"), y representa la creencia y práctica de astrología, magia, brujería, espiritismo, etc., para contactar poderes invisibles y usarlos para propósitos específicos. Estos han sido condenados en el Cristianismo.[6] Son creencias y prácticas de astrología, magia, brujería, espiritismo, etc., para contactar entidades invisibles y usarlos para propósitos específicos. Estos han sido condenados en el Cristianismo.

En la Biblia encontramos una cita específica donde Dios establece la prohibición de toda forma de ocultismo. Si la punta del "iceberg" está representado por la idolatría, considera la gran masa de tinieblas y maldad que está sumergido en las profundidades de lo que no se ve a simple vista. Analicemos la Escritura:

> [9] Cuando entres a la tierra que Jehová tu Dios te da, no aprenderás
> a hacer según las abominaciones de aquellas naciones. [10] No sea
> hallado en ti quien haga pasar a su hijo o a su hija por el fuego, ni
> quien practique adivinación, ni agorero, ni sortílego, ni hechicero,
> [11] ni encantador, ni adivino, ni mago, ni quien consulte a los
> muertos. [12] Porque es abominación para con Jehová cualquiera que
> hace estas cosas, y por estas abominaciones Jehová tu Dios echa
> estas naciones de delante de ti. [13] Perfecto serás delante de Jehová
> tu Dios. [14] Porque estas naciones que vas a heredar, a agoreros y a
> adivinos oyen; mas a ti no te ha permitido esto Jehová tu Dios.
> *Deuteronomio 18:9-14.*

En esta escritura se hace mención de las prácticas más generalizadas entre los pueblos paganos de la tierra. Aunque no aparecen en la lista anterior muchas otras ramificaciones del ocultismo, no por eso no son prohibidas. Ellas tienen su origen en el espíritu del mal, cuya personificación está en Satanás, el ángel caído y echado fuera del cielo (Ezequiel 28; Isaías14:4-20).

6 (McKim, Donald K. *Diccionario Westminster de Términos teológicos.* (Westminster John Knox Press, Lousville, Kentucky, 1996) p.192.

Todas estas prácticas tienen que ver con el pecado, con la invocación y culto a Satanás y a potestades de las tinieblas, mismos que ejercen un ministerio de seducción y engaño a la humanidad entera, para mantenerla cautiva en la ignorancia, poniendo una venda invisible sobre las mentes, para que no comprendan la Palabra de Dios: Pablo lo define así:

> 3 Pero si nuestro evangelio está aún encubierto, entre los que se pierden está encubierto; 4 en los cuales el dios de este siglo cegó el entendimiento de los incrédulos, para que no les resplandezca la luz del evangelio de la gloria de Cristo, el cual es la imagen de Dios.
> *2ª. Corintios 4:3, 4.*

Por si fuera poco lo anterior, los poderes de las tinieblas sostienen una lucha espiritual –real e implacable– contra todos los que han creído al evangelio, que aman a Dios y le sirven. Su objetivo sobre los creyentes es adormecer sus conciencias, incapacitarlos para ejercer el poder que Dios ha puesto sobre ellos, pues los redimidos con la sangre del Cordero son los únicos que pueden desenmascararlos, hacerles frente y destruir las obras de las tinieblas, tal como lo describe el apóstol Pablo en su epístola a los efesios:

> 12 Porque no tenemos lucha contra sangre y carne, sino contra principados, contra potestades, contra los gobernadores de las tinieblas de este siglo, contra huestes espirituales de maldad en las regiones celestes.
> *Efesios 6:12.*

Los espíritus que actúan en toda la amplia gama de las "ciencias ocultas," han caído bajo el escrutinio y el juicio de Dios. El veredicto final –divino– para todos los ángeles caídos y los que le han seguido en la rebelión contra Dios, está determinado en las Sagradas Escrituras: Apocalipsis 12:11; 14:9-11; 19:20; 20:10; 21:8.

Culto y Consulta a los Muertos

Fabricar imágenes o estatuas de personas que han fallecido, con motivos de adoración o veneración, es rendir culto a los muertos, lo cual está prohibido dentro de estas sagradas escrituras de la Ley de Dios. Cuando hablamos de "personas fallecidas" estamos incluyendo a hombres santos y mujeres santas que vivieron, pero murieron. De ignorar y pasar por alto estos principios establecidos por el mismo Dios, proviene la divinización –de los muertos– mejor conocida como "canonización." La mayoría de ellos son conocidos como "santos patronos," "vírgenes," con el pleno reconocimiento de modelos e "intercesores." Ante tal pléyade de imágenes, figuras y esculturas se incluyen ángeles, arcángeles, querubines y serafines, aunque estos últimos no sean humanos.

En el Antiguo Testamento fue establecido por Dios la adoración verdadera del único Dios, aclarando a que imágenes no adorar, ni venerar ni darle culto (Éxodo 20:1-6). Lo mismo en el Nuevo testamento se define que no hay muchos intercesores delante de Dios, sino solamente uno, a saber, Jesucristo: "*Porque hay un solo Dios, y un solo **mediador** entre Dios y los hombres, Jesucristo hombre.*" 1 Timoteo 2:5.

Lo anterior se identifica como una de las formas de la idolatría orientada a personas o espíritus. Por añadidura, consultar a los muertos es la creencia y práctica de comunicarse con personas –familiares o no– y espíritus muertas. Tal práctica proviene desde tiempos ancestrales, pues Dios la identifica como una de las prácticas abominables de los pueblos paganos (Deuteronomio 18:9-12).

Formas Tradicionales de Oración

La forma más usual a la que estamos acostumbrados son las oraciones litúrgicas, rituales o ceremoniales. Estas son las oraciones que usualmente utilizamos desde el comienzo hasta el final de un culto, servicio o ceremonia cristiana. Por lo general son oraciones breves, en las cuales se le piden a Dios diferentes cosas, dependiendo de la parte del servicio que corresponda. Al inicio del "culto o servicio" puede ser una oración de invocación de la presencia del Señor, pidiéndole que bendiga todo el servicio. También es costumbre orar por las ofrendas y diezmos que se han de consagrar al Señor, con la respectiva "acción de gracias" por toda su providencia. Igualmente, muchos predicadores acostumbran a hacer una breve oración antes de comenzar su predicación. Ya para terminar el servicio, se es usual hacer una breve oración de "despedida."

Normalmente, los diferentes tipos de oración que practicamos frecuentemente pueden ser muy específicos y concretos, pero en otros casos la oración puede ser tan versátil e inspirada –por el Espíritu Santo–que además de que goza de la plena libertad que Dios nos da, puede integrar diferentes modalidades en una, es decir, sin restricciones, siempre y cuando cumplan con su propósito, sin alterar su objetivo. Por ejemplo, se puede invocar al Señor, dándole gracias, e incluir al mismo tiempo, alguna (s) petición (es), interceder por alguien y alabar el Nombre del Señor, etc. Todo esto lo hacemos en el contexto de la "adoración y la alabanza a Dios," desde que empezamos a orar hasta que terminamos, o desde que comenzamos un culto formal o informal a nuestro Señor. Asimismo, existe una entera libertad de expresión para manifestar lo que necesitamos y sentimos, teniendo en cuenta el orden lógico en el que debemos desarrollar nuestra oración.

La Oración Modelo

9 Vosotros, pues, oraréis así: Padre nuestro que estás en los cielos,
santificado sea tu nombre. 10 Venga tu reino. Hágase tu voluntad,
como en el cielo, así también en la tierra. 11 El pan nuestro de cada
día, dánoslo hoy. 12 Y perdónanos nuestras deudas, como también
nosotros perdonamos a nuestros deudores. 13 Y no nos metas en
tentación, mas líbranos del mal; porque tuyo es el reino, y el poder,
y la gloria, por todos los siglos. Amén

Mateo 6:9-13

Esta consta de varios aspectos importantes de la oración, que nos dan una idea de las cosas que no debemos pasar por alto, cuando se trate de establecer una comunión saludable con nuestro padre celestial. Es universalmente conocida –y memorizada– como "el Padre Nuestro," y la encontramos en Mateo 6:9-13. La primera parte debe ser de:

Invocación

Esta es la parte donde comienza toda oración. Es el inicio de nuestra conversación con Dios. Son las primeras palabras con las que nos dirigimos a Dios para llamarlo por su nombre, añadiendo a ello la referencia del lugar desde donde Él reina, aunque sea obvio, por lo menos en el modelo enseñado por Jesús que dice: *"Padre nuestro, que estás en el cielo…"* (Mateo 6:9). Dentro de la invocación también se puede considerar hacer mención de algún atributo divino como el de "la oración modelo," en la cual se mencionan las palabras *"santificado sea tu nombre."* Esto último, como una apertura a la alabanza, la cual no está limitada a este solo atributo, sino más bien abierta a mencionar cualquier otro atributo, cualidad o virtud del Dios Omnipotente, alabanza que intensifica nuestra adoración a Dios. En la versión Reina-Valera Antigua el salmista dice que hay que "entrar por sus puertas con reconocimiento. Esto es para reconocer que *"Jehová, Él es Dios,"* que Él es nuestro Padre, nuestro sanador, libertador, proveedor, pastor, etc. y que nosotros somos sus hijos, *"pueblo suyo somos, y ovejas de su prado* (Salmo 100)."

Acciones de gracias

La gratitud al Señor se incluye en este mismo segmento de oración Esto es para dar al Señor gracias por todos sus beneficios para con nosotros; "*porque Jehová es bueno; porque para siempre es su misericordia*" (Salmo 136). Hay tantas cosas por las cuales podemos expresar nuestra gratitud al Señor, que no hacerlo, prácticamente sería como ignorar su benevolencia. Son tantas las misericordias de Dios para con el hombre, que aun los que no le conocen son beneficiarios de tanta misericordia.

Peticiones

Pedir a Dios por necesidades especiales son la otra sección de importancia que nos mueve a echar mano de la oración, porque muchas veces no lo hacemos por devoción o por gusto, sino más bien movidos por nuestras necesidades, conflictos y aflicciones del diario vivir.

Inmediatamente después de la invocación y apertura de nuestra oración, se puede entrar en esta parte, estableciendo como una prioridad que *"el reino de Dios venga"* y sea establecido en nuestros corazones, y todo lo que ello implica: su bondad, su amor, su paz, su justicia, su Espíritu Santo, etc. Esta necesidad la podemos eslabonar con el anhelo y la intención de que se haga todo lo que pedimos, conforme a la santa, perfecta y agradable "voluntad de Dios," tanto en la tierra, como en la forma que se hace en el cielo, –absoluta y total– según reza el verso 10 de Mateo 6: *"hágase tu voluntad, así en la tierra como en el cielo."* Siguiendo este modelo de oración, en el verso 11, podemos continuar mencionando nuestras necesidades básicas, como lo es *"el pan nuestro de cada día"* u otras de mayor preocupación o urgencia, como ciertas necesidades específicas de salud física, familiares, económicas, morales, espirituales, etc.

¿Qué deberíamos pedir en oración?

Cada quién tiene sus prioridades personales, familiares, de la iglesia o generales. Sin embargo, sería conveniente incluir en nuestras peticiones además de lo anterior, las siguientes sugerencias, según el corazón de cada quien:

- ¡Límpiame de mi pecado! oh Dios, por tu amor, ten compasión de mí; por tu gran ternura, borra mis culpas. ¡Lávame de mi maldad! Reconozco que he sido rebelde; mi pecado no se borra de mi mente. Contra ti he pecado, y sólo contra ti, haciendo lo malo (Salmo 51 DHH).

- **Perdona mis errores,** mis imperfecciones y mis pecados, aun de los que no estoy consciente; porque ¿quién los entenderá? (Salmo 19:12).

- **Dame un corazón humilde**, para confesar ante ti mis pecados y mis debilidades, pues soy un hombre sujeto a cualquier tentación de la carne.

- **Guarda mis pensamientos,** oh Dios, reconoce mi corazón; ponme a prueba, reconoce mis pensamientos y examínalos porque mucha vanidad y basura pasa por mi mente; [24] mira si voy por el camino del mal, y guíame por el camino eterno. Salmo 139:23. 24 DHH

- **No me eches** de delante de ti, y quítame lo que quieras, pero no quites de mí tu Espíritu Santo.

- **Dame integridad** para vivir, aun en los momentos en que no hay nadie que me vea.

- **Que sea transparente**, un hombre cabal, digno de ti, que no le oculte nada a mi esposa, ni siquiera la contraseña de mi computadora o de mi celular.

- **No me dejes caer en tentación** con de mujeres ajenas, ni que sea yo un hombre morboso, ni abusador ni aprovechado.

- **Enséñame a ser un consejero santo,** digno de ti; repréndeme siempre, que no dé consejería en privado a ninguna mujer, pues el diablo me tienta y puede tomar ventaja de esa situación. Asimismo cuando están solas en su casa, guarda mis pasos.

- **Guarda mis ojos** para no ver pornografía, ni malgastar horas chateando, viendo el fútbol, el Facebook, o cualquier otra basura electrónica. Enséname a ver con tus ojos, es decir, con pureza, limpieza y santidad.

- **Guarda mi boca** para no pecar contra ti, sino mi hablar sea con santidad y respeto. Que no ofenda yo a nadie cuando les hablo. Guárdame de ser déspota con la gente humilde. Y no me dejes hablar de nadie a sus espaldas ni de juzgar a mis semejantes.

- **Guarda mis manos** de la avaricia. No me des riqueza ni pobreza (Prov.30:8), no sea que siendo rico me llene de soberbia humillando a los demás y diga: no tengo necesidad de nada (Ap. 3:17), o no sea que siendo pobre blasfeme tu nombre robando o haciendo fraude con las finanzas en el trabajo, en la casa o la iglesia.

- **Guarda mis pies** para no dar lugar al diablo (Efesios 4:27) en ninguna manera.

- **Guárdame de no ser seducido** con herejías extrañas adulterando la verdad de tu santo evangelio.

- **Tú conoces mi corazón,** y nada hay escondido para ti, pues aún no está la palabra en mi lengua, y he aquí oh Jehová ya tú la conoces toda (Salmo 139:4).

- **Dame espíritu de oración,** para orar sin cesar (1ª Ts 5:17, en todo tiempo (Lc 18:1) de poder hallarte (Salmo 32:6).

- **Enséñame a caminar** cada día en tu santa presencia.

Capítulo 3
Condiciones Indispensables para Orar

Perdonar

Siguiendo el curso de nuestra oración, se hace necesario pedir perdón a Dios por el perdón de nuestros pecados –conscientes e inconscientes–, faltas e imperfecciones. Pero en esta oración se da como un hecho que nosotros también *"perdonamos a nuestros deudores"* (Mt.6:12). No obstante, hay que hacer consciencia de esta condición, ya que es en una condición especifica que va a determinar la aceptación de nuestra oración, esto es: "perdonar."

La condición para ser perdonados es que nosotros perdonemos –antes– a los que nos deben, a los que nos ofenden, nos lastiman, nos pisotean y abusan, y aún a nuestros enemigos (Mateo 6:12, 14, 15; 5:43-48). Esta condición es más que doctrina o teología; es una ley espiritual, que se deriva de la "Ley de Cristo," que es la ley del amor. Si no cumplimos con esta ley, no va a ser posible que nosotros alcancemos la gracia de "ser perdonados." ¡Maravilloso! ¿No?

Adicionalmente, esta ley –la del amor y el perdón– nos libera de muchas "ataduras, cadenas, maldiciones y enfermedades que nos agobian, y que en la mayoría de los casos no estamos conscientes de ello, aun siendo cristianos. Un pensador dijo que no perdonar equivale a tomarse un veneno, pensando que es al otro al que le va a hacer daño.

La única condición que necesita Satanás para hacer esclavos, es encontrarse con un corazón endurecido incapaz de perdonar. No es cuestión de "sentir o dejar de sentir" –el perdonar a alguien por lo que nos hayan hecho–, sino que es un asunto de nuestra voluntad, es una decisión que debe ser confesada en nuestra oración, con todo nuestro corazón, en el nombre de Jesús.

Confesar

En la vida secular es una práctica común y corriente. En varios escenarios de entrevistas se realiza sin ni siquiera llamarle "confesión." Se le da un nombre convencional: cita o entrevista. Algunas veces, ante una persona; otras, ante dos o más, según sea el caso. Sin embargo, es una herramienta muy reconocida y aceptada en la sociedad moderna para conocer al "solicitante" de un servicio, de un empleo, de una línea de crédito, etc. Casi en la mayoría de las aplicaciones –o solicitudes– de empleo, el solicitante tiene que llenar un formato predeterminado, donde aparte de pedirle que llene todos sus "datos generales," tendrá que responder a preguntas específicas, como por ejemplo: ¿Ha estado usted bajo fianza? ¿Ha cometido usted alguna vez crímenes mayores? ¿Usa usted algún estupefaciente, droga o alcohol? ¿Padece usted algún impedimento físico que le impida desarrollar su trabajo? etc.

También, al sentarnos frente al médico que nos va a dar un tratamiento médico para tal o cual enfermedad, la "confesión" comienza con unas palabras muy familiares que casi siempre escuchamos del doctor: ¡A ver, cuénteme cuál es su problema! o ¡Dígame ¿dónde le duele? La respuesta no se hace esperar: "me duele aquí", "me duele allá", y continuamos la confesión –de nuestra dolencia física–. Casi siempre estamos tan dispuestos y acostumbrados a confesar lo que sea necesario con tal de recuperar la salud. Y así sucesivamente, es tan común manejar este tipo de situaciones en la vida cotidiana. Si lo hacemos así con tanta liberalidad, ¿no lo haría usted también, y con mucha mayor razón, con el doctor "especialista" en la sanidad de nuestras almas eternas? Usted sabe a quién me refiero: su nombre es Cristo Jesús.

La Confesión Bíblica

Puede esperarse un avivamiento religioso cuando los cristianos empiezan a confesar sus pecados unos a otros. En otras ocasiones confiesan sus pecados de un modo general, como si no lo hicieran del todo en serio. Pueden hacerlo en lenguaje elocuente, pero esto no significa nada. Pero cuando hay un sincero quebrantamiento, y un derramamiento del corazón en la confesión del pecado, las compuertas están a punto de estallar y la salvación lo inundará todo.

Charles G. Finney[7]

Los Protagonistas –en la Confesión

El acto de la confesión es un proceso en el cual se hace necesario que intervengan –por lo menos– dos protagonistas potenciales: un pecador que se confiesa ante Dios, y Dios mismo que es el que lo escucha, "toma su carga" y lo perdona. No obstante, pueden intervenir otros actores más en este escenario, como podría ser –en el mejor de los casos– un ministro de Dios –como escucha–. También pueden llegar a ser parte de este evento tan íntimo y singular, los miembros de un pequeño número de personas como testigos de aquella confesión, a veces en una congregación.

En la disciplina de la oración –además de perdonar– este es otro de los principales componentes para que nuestras ora-

7 http://edificadoresdelreino.blogspot.com/2009/11/cuando-hay-que-esperar-un-avivamiento.html

ciones sean escuchadas. Confesar significa –de acuerdo con el Diccionario Westminster de Términos Teológicos– *"el acto de reconocer y articular nuestros pecados."* Articular –como verbo– significa también, *"expresar (una idea o sentimiento) fluente y coherentemente, bien expresada."* Teniendo en cuenta que la oración debe ser un acto consciente, debemos entender que la confesión es realizada en base a un acto de consciencia, de reflexión y de voluntad, en el cual nos damos cuenta de nuestros pecados y faltas que nos han apartado de Dios y, que nos han traído dolores, fracaso, pérdidas irreparables, y a veces hasta pérdida de nuestra salud. Por lo tanto, movidos por el Espíritu Santo, llegamos a la convicción de que necesitamos confesar ante Dios, nuestra enorme necesidad de ser descargados de ese terrible peso de pecado. ¿Cómo? A través de la confesión y de un sincero arrepentimiento. Por lo tanto, sin confesión no hay arrepentimiento; sin arrepentimiento, no hay perdón; sin perdón, no hay salvación, ni sanidad, ni liberación. El arrepentimiento es una decisión interior, del corazón; la confesión es una declaración –externa– de aquella decisión, por lo cual, es el activador divino del perdón y de la misericordia de Dios. Por lo tanto, ésta es fruto del acto de consciencia que experimenta el pecador y que lo mueve al arrepentimiento, buscando su sanidad espiritual. Dios se encarga de lo demás: no solo de perdonar, sino de dar una nueva vida en Cristo.

Ya en la Ley de Moisés, Dios se encargó de colocarla como una parte inseparable e inherente al perdón de los pecados. Quedó establecida como parte del fundamento para la expiación del pecado, pues todo aquel que se allegara al tabernáculo del testimonio tenía que ir preparado, es decir, dispuesto –conscientemente– a confesar y declarar la razón de estar ahí, después de lo cual, el sacerdote establecía el tipo de sacrificio u ofrenda que tenía que presentar el penitente, y éste se iba, libre de pecado y de culpa. Veremos a continuación algunos fundamentos bíblicos del Antiguo Testamento –relacionados con la confesión:

Y confesarán su iniquidad, y la iniquidad de sus padres, por su prevaricación con que prevaricaron contra mí; y también porque anduvieron conmigo en oposición. Entonces se humillará su corazón incircunciso, y reconocerán su pecado.
Levítico 26:40, 41

Cuando pecare en alguna de estas cosas, confesará aquello en que pecó.
Levítico 5:5

Pero yo estoy a punto de caer, Y mi dolor está delante de mí continuamente.
Por tanto, confesaré mi maldad, y me contristaré por mi pecado.
Salmo 38:18

El que encubre sus pecados no prosperará:
Mas el que los confiesa y se aparta, alcanzará misericordia.
Proverbios 28:13

Mi pecado te declaré y no encubrí mi iniquidad.
Confesaré, dije, contra mí mis rebeliones a Jehová;
y tú perdonaste la maldad de mi pecado.
Salmo 32:5

Porque yo reconozco mis rebeliones;
y mi pecado está siempre delante de mí.
Salmo 51:3

En el libro de los Salmos, el 51 es uno muy ejemplar de la forma que toma la confesión en la vida de una persona –el rey David–, que ha quebrantado la ley de Dios de varias maneras. Aunque era manifiesto su pecado ante los ojos de muchos de sus súbditos, no obstante, él se obstinó en ocultarlo, en no declararlo y mantenerlo en "secreto." Parecía que Dios callaba ante el silencio de David, mientras que él también callaba, y seguía adelante con su pecado, y otros más. Aunque tuvo la oportunidad de haber enmendado su primer error, prosiguió con cometer otros peores que los que ya había consumado, mandando que el marido de la mujer con la que pecó, fuera puesto en una situación tan vulnerable para que lo mataran en el frente de batalla. Hasta que llegó el momento en que el Señor le envía al profeta Natán a desenmascararlo y redargüirlo de su pecado. El resultado positivo, dentro de otros totalmente desagradables, es que David no rechazó la reprensión de Dios ni del profeta, sino que reconoció su pecado, se humilló ante Dios, lo confesó y procedió al arrepentimiento. Una prueba de ello es precisamente este Salmo, en el que no solo pide a Dios misericordia y piedad, sino que aparte le ruega con insistencia, ser limpiado más y más de su pecado. David esperaba reprensión y castigo de la justicia divina, así que le pide al Señor: *"No me eches de delante de ti, y no quites de mí tu Santo Espíritu"* (v. 11). Este es un salmo de mucha reflexión, que en este espacio sería insuficiente ver cada uno de sus detalles, pero muy inspiracional para usarlo cada día.

También en el Nuevo Testamento podemos encontrar mucho soporte bíblico para el tema de la confesión, que como ya dijimos anteriormente, va de la mano con la experiencia del arrepentimiento. Juan el Bautista lo estableció como parte de su ministerio, para todo aquel que se allegara al Jordán para bautizarse:

Y eran bautizados por él en el Jordán, confesando sus pecados.
Mateo 3:6

Y muchos de los que habían creído venían,
confesando y dando cuenta de sus hechos.
Hechos 19:18

Que si confesares con tu boca que Jesús es el Señor, y creyeres en tu corazón que Dios le levantó de los muertos, serás salvo.
Porque con el corazón se cree para justicia, pero con la boca se confiesa para salvación.
Romanos 10:10

Si dijéremos que no tenemos pecado, nos engañamos a nosotros mismos, y no hay verdad en nosotros, Si confesamos nuestros pecados, Él es fiel y justo para que perdone nuestros pecados, y nos limpie de toda maldad.
1ª Juan 1:8, 9

Confesaos vuestras faltas unos a otros,
y rogad los unos por los otros, para que seáis sanos.
Santiago 5:15

Si dijéremos que no tenemos pecado, nos engañamos a nosotros mismos, y no hay verdad en nosotros. Si confesamos nuestros pecados, Él es fiel y justo para que perdone nuestros pecados, y nos limpie de toda maldad.
1ª Juan1:8, 9.

La Confesión a Solas con Dios

Es considerada la forma más práctica e íntima, porque está tan inmediata y oportuna, como el diálogo entre dos grandes amigos; no hay necesidad de esperar a nada ni a nadie. Si se está ante la urgencia de hablar con Él, Él ahí está presente en el mismo momento en que se invoque su nombre, con la certeza de que Él escuchará nuestra oración. Este tipo de confesión es el que más ha prevalecido a través de los siglos, sigue y seguirá siendo la herramienta más útil al alma que se acerca a Dios.

Agustín de Hipona (354-430 dC), conocido como el *"Doctor de la Gracia"* fue el máximo pensador del cristianismo del primer milenio. Autor prolífico, el cual dedicó gran parte de su vida a escribir sobre filosofía y teología, siendo "*Confesiones*"[8] una de sus obras más destacadas, en la que San Agustín escribió acerca de su juventud pecadora y de cómo se convirtió al cristianismo. Es una obra llena de inspiración a través de la cual se percibe el "grato aroma de la confesión espiritual." Otro pro-

8 Confesiones: http://icglisaw.com/libros/invitados/Confesiones%20de%20San%20Agustin.pdf

minente personaje de la historia del Cristianismo fue Martín Lutero (1483-1546), teólogo y fraile católico agustino, que comenzó e impulsó la Reforma religiosa en Alemania, declaró las siguientes palabras que resaltan la gran virtud de la confesión:

"Aprendemos pues, qué cosa más acertada, maravillosa y consoladora es la confesión. Sin embargo, de nada me dejaría quitar **la confesión secreta ante Dios,** y ante el poder y consuelo que la confesión ante Dios me ha dado, ya haría tiempo que el diablo me hubiera vencido y ahogado, de no haber sido que la confesión me ha mantenido."
Martín Lutero

La Confesión Eclesiástica

Este tipo de confesión es el que tomó mucho auge durante los primeros siglos del Cristianismo. Se llegó a convertir en una parte tan importante de los ministerios de la iglesia, que hubo que designar a ministros calificados –espirituales– llamados así, "confesores," para atender la demanda de tanta gente que necesitaba de esta ayuda espiritual. Este sistema aún continúa dentro de algunas iglesias históricas. Sin embargo, al entrar la iglesia en la etapa más obscura de su historia, se llegó a pervertir este ministerio tan especial y delicado.

Cuando muchas personas se convierten al Evangelio, desconfían de esta práctica, y muchas organizaciones ni siquiera lo tienen contemplado dentro de su sistema de trabajo espiritual. Afortunadamente, en la actualidad, gozamos del desarrollo de una profesión académica que conocemos con el nombre de "consejería pastoral," promovida por seminarios, colegios y universidades cristianas, y que está a la altura de otras profesiones como la psicología y la psiquiatría, y en muchos casos, superando en eficiencia a esas disciplinas seculares, por razones obvias: ellos cuentan con el "Manual del fabricante" de las almas –la Biblia–, y con la asesoría profesional del más grande "científico," el Espíritu Santo de Dios. Otra gran bienaventuranza que hay en el ministerio pastoral, es que por naturaleza, el ministerio del pastor se ve convertido en un verdadero consejero y terapeuta de almas.

Sin embargo, como ya mencioné anteriormente, la confesión eclesiástica se pervirtió en el transcurso de la historia del cristianismo, convirtiéndola así en una herramienta de manipulación espiritual, despotismo, tiranía, arbitrariedad, autoritarismo, dominio, extorsión, sometimiento, sujeción, esclavitud, dominación, yugo, etc. hacia los fieles, a los cuales se les privó del privilegio de confesarse ante Dios sin ninguna clase de intermediarios. Recientemente escuché en la televisión predicar a un ministro de una iglesia instruir acerca del arrepentimiento. Pero aunado a esta instrucción ligó como parte indispensable el asunto de la confesión, con un énfasis muy fuerte en que la confesión debe ser hecha a un sacerdote, pues si se hace a Dios directamente no sirve y, por lo tanto, no puede haber salvación y el arrepentimiento no sirve. Tales declaraciones carecen de fundamento bíblico. Además, ni Dios ni el penitente necesitan de intermediarios. Basta con que el pecador que siente la necesidad de confesar sus pecados, lo haga directamente y de primera mano hacia Dios, que a fin de cuentas, es el único que puede perdonar los pecados.

Características de la Confesión

No es obligatoria

Es voluntaria, es espontánea, es libre. Es producto de la obra del Espíritu Santo en la consciencia del que se ha dejado convencer que ha pecado contra "el cielo y contra Dios." Nadie le puede imponer una actitud de confesión a nadie; de otra manera no sería tal cosa, sino presión, coacción, opresión o cualquier otra cosa, menos confesión. A nadie se le puede condenar si no lo hace. Puede ser que no lo hagan por ignorancia, pero no por obligación ni por ley. Cuando el creyente es debidamente enseñado en la Palabra de Dios, aprenderá que esta es una parte importante de la vida cristiana para conducirlo a la estabilidad y madurez.

No es un Acto del Sentimiento sino de la Voluntad

El "sentir" es una de las funciones de los sentidos, del ego, de la mente, de la carne. Como tal, la carne no puede percibir, ni discernir, ni sentir las cosas que corresponden al Espíritu de Dios. La tendencia natural del que peca, es esconderse de la presencia de Dios. Esa fue la actitud inmediata de los primeros habitantes del huerto del Edén. ¿Por qué esconderse? Por el sentimiento consciente o no de su culpabilidad, el cual es un sentimiento, pero no es el único impedimento.

La tendencia natural de los creyentes, cuando llegan a sentirse desalentados o a cometer algún error, falta o pecado, es dejar de ir a la iglesia, se apartan de la comunión con Dios. Cuando eso pasa, es probable que anhelan mantener su relación con Dios y con la iglesia, pero es mayor el peso de su desánimo o de su culpa, que lo más inmediato que hacen –en el mejor de los casos– es apartarse temporalmente, pensando en continuar "más adelante." Otros con diferente reacción, buscan otra congregación, y otros que no logran zafarse de los lazos del diablo, regresan a seguir viviendo una aventura de pecado.

La pregunta es: ¿sienten en su corazón la necesidad de reconocer y confesar su pecado? Puede ser que lo reconozcan, pero hay cierta resistencia a confesarlo, por la gravedad del pecado. Hay que considerar que hay pecados que suelen ser muy vergonzosos (¿cuáles no lo son?). Entonces, por vergüenza –un sentimiento– no se atreven a confesarlo. Lo callan, y dejan que el pecado tome su curso para bien o para mal.

Solamente cuando la persona se reviste del suficiente valor para reconocer la gravedad del pecado y lo confiesa, es porque hace uso de su voluntad, no de su sentir, decidiendo confesarlo a la (s) persona (s) pertinente (s) para acabar consistentemente de arreglar las cosas delante de Dios, de sí mismo y de los demás, dando paso a su propia recuperación y sanidad interior. El pecado nos enferma emocionalmente, nos destruye y acaba por matarnos espiritualmente, es decir, no hay peor muerte que la que nos separa dela comunión con Dios.

Pablo nos dice: [7] *Por cuanto los designios de la carne son enemistad contra Dios; porque no se sujetan a la ley de Dios, ni tampoco pueden;* [8] *y los que viven según la carne no pueden agradar a Dios* (Romanos 8:7, 8). Debe ser también la confesión, una herramienta del diario vivir la vida cristiana, no en base al sentimiento, sino entendiendo que es la mejor manera de mantener nuestra relación con Dios.

Tiene que Ser en todo Tiempo

Mucha gente contempla la confesión como una práctica casual, solo "de vez en cuando," cuando ya les remuerde la conciencia por algún pecado cometido. La realidad es que vivimos en un mundo tan contaminado de pecado, que se vuelve una necesidad semejante a los caminantes de los tiempos antiguos, que al llegar a alguna casa, algún siervo o sierva de la casa le lavaban los pies," del polvo y de la suciedad del camino.

Sigue siendo una necesidad practicar la confesión tanto como sea necesario, para mantener una saludable relación con Dios. La mejor manera de hacerlo es la de hacerlo devocionalmente cada día, delante de Dios, y si llegáramos a tropezar en alguna falta o pecado, con mucha mayor razón. La confesión viene a ser una de las herramientas más eficientes en el mantenimiento diario de la vida espiritual.

Debe ser "Estrictamente Confidencial"

La persona que escucha en confesión a otra, debe ser una digna de confianza. No por el simple hecho de tener títulos académicos, un hábito religioso, o de ostentar una posición ministerial, nos califica para tan importante oficio: también puede ser un amigo (a) íntimo (a), un familiar, un pastor, un diácono, o líder de la iglesia local. La intención no solamente es ser escuchado, sino que va más allá: se necesita ser auxiliado en oración. Si no se apoya al confesante en su necesidad orando por él, se pierde la pureza e integridad de lo que el proceso demanda. La confesión puede ser espontánea, casual, o preestablecida, dependiendo de las circunstancias.

Dada la naturaleza delicada de la confesión, esta debe ser de carácter "confidencial." Esto significa que no deben ser del dominio público. Primeramente, porque se están tratando con aspectos íntimos y personales, muchos de los cuáles –a veces– son vergonzosos. Han de ser confiados a personas de una espiritualidad comprobada y manifiesta, que sepan cómo conducir a los creyentes en su búsqueda de sanidad física y espiritual. Si la confesión es confiada a personas carnales, se corre el riesgo de perjudicarlas en vez de ayudarlas, y hasta de convertirlas en "hijos del infierno, como Jesús lo declaró !Ay *de vosotros, escribas y fariseos, hipócritas! porque recorréis mar y tierra para hacer un prosélito, y una vez hecho, le hacéis dos veces más hijo del infierno que vosotros* (Mateo 23:15).

Ser confidencial significa ser muy discreto, casi como una tumba. Si a alguien han de ser comunicados los pecados confesados por la gente, es a Dios únicamente –en oración– y por excepción, a personas espirituales y capacitadas para este tipo de ministración, con el propósito de ayudar en su sanidad espiritual.

Debe ser Parte de Nuestro Carácter

Debe ser parte de nuestro carácter en general, pero sobre todo si somos ministros. Esto implica que debe ser parte de nuestra formación espiritual. Significa que debemos tener el conocimiento bíblico suficiente para entender que nuestro crecimiento espiritual no puede prescindir de la herramienta espiritual que representa la confesión de nuestras imperfecciones y pecados. Debemos estar bien conscientes que, sin confesión, no hay perdón de pecados, no hay prosperidad espiritual, y por consecuencia no habrá madurez ni victoria en la vida espiritual.

El sabio que heredó el trono del rey David dijo en su sabiduría:

13 El que encubre sus pecados no prosperará;
Mas el que los confiesa y se aparta alcanzará misericordia.
Proverbios 28:13

También el rey David dejó importantes declaraciones concernientes a la confesión sin encubrimientos, ligadas a la bienaventuranza de aquel que le son perdonados sus pecados y por consecuencia el perdón otorgado por Dios, por ejemplo:

5 Mi pecado te declaré, y no encubrí mi iniquidad.
Dije: <u>Confesaré</u> mis transgresiones a Jehová;
Y tú perdonaste la maldad de mi pecado.
6 Por esto orará a ti todo santo en el tiempo en que puedas ser hallado.
(Salmo 32:5, 6).

La confesión del pecado ha de conducirnos a encontrar ayuda y consuelo. Cuando hay confesión, las cargas empiezan a desatarse. He oído y visto muchos testimonios de sanidades y de liberación espiritual que se manifiestan a partir del momento en que la persona empieza a confesar situaciones pecaminosas y ocultas de su vida. Es pues, la confesión, una de las mejores prácticas que encontramos en la Biblia para comenzar la sanidad espiritual de nuestras almas.

En efecto, ante la presencia de Dios se convierte en un acto de transparencia y de sinceridad, donde las tinieblas que hay en el corazón o en la mente desaparecen, y son desmanteladas las fortalezas espirituales de iniquidad (2ª. Corintios 10:3-5). Satanás no tiene más "derechos legales" de dónde agarrarse para imponer cadenas sobre la gente. También Santiago sostiene que la confesión es parte del proceso de sanidad y por lo tanto, es conveniente que sea parte de nuestras oraciones:

14 ¿Está alguno enfermo entre vosotros?
Llame a los ancianos de la iglesia, y oren por él, ungiéndole con aceite en el nombre del Señor. 15 Y la oración de fe salvará al enfermo, y el Señor lo levantará; y si hubiere cometido pecados, le serán perdonados. 16 Confesaos vuestras ofensas (faltas) unos a otros, y orad unos por otros, para que seáis sanados. La oración eficaz del justo puede mucho.
(Santiago 5:16).

De acuerdo a la declaración anterior, la confesión y la oración eficaz son terapia poderosa para alcanzar la sanidad. En muchos casos, la sanidad es física y en otros la sanidad es emocional; ambos están enfermos: unos del cuerpo y otros del alma, pues Santiago comienza con la pregunta: ¿está alguno enfermo entre vosotros? Entonces el proceso de sanidad es así:

1. Surge la necesidad: llaman a los ancianos (pastores o líderes) de la iglesia.

2. Llega el pastor y alguien lo acompaña. Saluda a todos, luego se dirige al enfermo y si está en condiciones de hablar, le comienza a escuchar cómo se siente en lo físico; luego en lo espiritual, acerca de su fe en Dios. El enfermo confiesa arrepentimiento de sus pecados.

3. Oran por el enfermo (a) … El pastor les invita a todos a orar –eficazmente– con una "oración de fe." Todos lo hacen reverentemente y dejan que sea el pastor el que dirija la oración, mientras todos los demás oran sin opacar la oración del pastor.

4. Le unge con aceite en el nombre del Señor… Mientras el pastor está orando, le unge con un poco de aceite de oliva perfumado en la frente, y después pone las manos sobre la cabeza del enfermo.

5. El pastor ora eficazmente por misericordia para la remisión de los pecados y de la sanidad física del enfermo (a). Terminan y le dan gracias a Dios. Finalmente, se despiden.

6. Por último, el enfermo ha quedado con una profunda paz y agradecimiento en su corazón, porque Dios le liberó de sus pecados y de su enfermedad.

En este proceso imaginario podemos darnos cuenta de que la necesidad de un enfermo (a), la confesión del mismo (a) y la oración eficaz de los siervos de Dios, están íntimamente ligados y representa ser el método de Dios para sanar a los enfermos y liberar sus almas de toda opresión. Ya para finalizar, Santiago trae a la memoria a un gran testigo del poder de Dios, al profeta Elías, que por su "oración ferviente" Dios respondió a la necesidad del momento.

El siervo del Señor y el creyente común, no se pueden dar el lujo de ocultar errores o pecados en su propio carácter, sino que la confesión debe ser parte de su manera de ser en su relación con Dios, con los feligreses y con la gente en general. Siempre estará listo para poder socorrer a los que lo necesiten.

Pecados Inconfesados

Finalmente, muchos pecados se mantienen en secreto. El que no confiesa, es como el que se aferra a ellos, de hecho, retiene sus propios pecados, los cuales se convierten en "pecados ocultos," por las razones que sean. Podemos apreciarlo en la vida de Adán, después de la caída, que se escondía de la presencia del Señor. La confesión comprende la importancia que tiene el hablar, el manifestar, el declarar. Precisamente El hecho de esconder los pecados –en la confesión– es un síntoma característico del poder del pecado. El tentador (el diablo) vive de lo secreto que existe entre nosotros y él. Mientras haya cosas secretas en nuestras vidas sobre las cuales nadie se debe enterar o saber nada, habrá también el poder del enemigo sobre nosotros y sobre nuestras almas. Por ello es que Satanás procura impedir la confesión.

Ejemplos Bíblicos de Confesión

Hace unos cuantos renglones vimos el caso en que el rey David se vio confrontado por el profeta Natán. Tuvo Dios que intervenir para redargüirlo de su pecado. Al final reconoció que no había pecado solo ante los ojos de los hombres, sino lo peor, ante los ojos de Dios. Hay muchas historias más en la Biblia, de las cuales veremos algunas a continuación:

- **El Apóstol Pablo** siempre que tuvo la oportunidad confesaba haber sido un perseguidor de los cristianos. Inclusive se confesaba que de los pecadores "él era el primero" (1ª Timoteo 1:15).

- **El hijo pródigo** confesó ante su padre: *"Padre, he pecado contra el cielo y contra ti, y ya no soy digno de ser llamado tu hijo."* Lucas 15:21

- **Zaqueo** el publicano, cuando Jesús llegó a su casa confesó y dijo al Señor ante una gran concurrencia: *"He aquí, Señor, la mitad de mis bienes doy a los pobres; y si en algo he defraudado a alguno, se lo devuelvo cuadruplicado."* Lucas 19:8

- **La Mujer Samaritana.** Aunque en esta historia no se narra específicamente algún acto de confesión, salvo el de que no negó que "no tenía marido" (Juan 4:17). Sin embargo, como en el caso de David, es Jesús el que le declara la historia de su vida resumida en pocas palabras: *"cinco maridos has tenido, y el que ahora tienes no es tu marido"* (Juan 4:18). Es de esperarse que en "su encuentro con el Maestro" hubo mucho más que una ligera aceptación de su condición; realmente hubo todo un cambio espiritual en la vida de aquella mujer. Quedó marcada para siempre su existencia. Dejó atrás los ritos de adoración pagana de Samaria, para convertirse en "una verdadera adoradora del Dios verdadero."

- **La mujer pecadora.** En esta historia vemos un tipo distinto de confesión; se podría decir que fue una "confesión actitudinal." La mujer no habló, por lo tanto, no confesó con palabras, sino con actitudes y emociones: [37] *Entonces una mujer de la ciudad, que era pecadora, al saber que Jesús estaba a la mesa en casa del fariseo, trajo un frasco de alabastro con perfume;* [38] *y estando detrás de él a sus pies, llorando, comenzó a regar con lágrimas sus pies, y los enjugaba con sus cabellos; y besaba sus pies, y los ungía con el perfume.* Lucas 7:37, 38.

- **El ladrón en la cruz.** Uno de ellos vociferaba de la abundancia de su corazón, uniéndose a la injuria y burla de muchos otros que le gritaban: *¡Si tú eres el Cristo, sálvate a ti mismo y a nosotros!* [40] *Respondiendo el otro, le reprendió, diciendo: ¿Ni aun temes tú a Dios, estando en la misma condenación?* En medio de tanta excitación, en la mente y emociones efervescentes del otro ladrón, se agitaba una crisis de consciencia, de la cual surgía el reconocimiento y culpabilidad de sus acciones, que lo único que merecían era todo el peso de la justicia divina, por lo cual, en medio de aquella cruel alegata confesó diciendo: *41 Nosotros, a la verdad, justamente padecemos, porque recibimos lo que merecieron nuestros hechos; mas éste ningún mal hizo. 42 Y dijo a Jesús: Acuérdate de mí cuando vengas en tu reino. 43 Entonces Jesús le dijo: De cierto te digo que hoy estarás conmigo en el paraíso.* Lucas 23:39-43. Vemos que el Señor, aún en circunstancias extremas, en medio del dolor y al filo de la misma muerte, no pierde su visión pastoral, ni su mediación sacerdotal, para darle al penitente la seguridad de la salvación eterna; todo, a cambio de nada. Bien dijo Pablo a los Romanos:

> 8 Mas ¿qué dice? Cerca de ti está la palabra, en tu boca y en tu corazón. Esta es la palabra de fe que predicamos: 9 que si confesares con tu boca que Jesús es el Señor, y creyeres en tu corazón que Dios le levantó de los muertos, serás salvo. 10 Porque con el corazón se cree para justicia, pero con la boca se confiesa para salvación. 11 Pues la Escritura dice: Todo aquel que en él creyere, no será avergonzado.
> *Romanos 10:8-11*

Oraciones Litúrgicas, Rituales o Ceremoniales

Continuando con las formas de oración tradicional que conocemos y practicamos, mencionaré las oraciones que realizamos en las iglesias o en grupos pequeños. Estas son las oraciones que usualmente utilizamos desde el comienzo hasta el final de un culto, servicio o ceremonia cristiana. Por lo general son oraciones breves, en las cuales se le piden a Dios diferentes cosas, dependiendo de la parte del servicio que corresponda.

Al inicio del "culto o servicio" puede ser una oración de invocación de la presencia del Señor, pidiéndole que bendiga todo el servicio. También es costumbre orar por las ofrendas y diezmos que se han de consagrar al Señor, con la respectiva "acción de gracias" por toda su providencia. Igualmente, muchos predicadores acostumbran hacer una breve oración antes de comenzar su predicación. Ya para terminar el servicio, se acostumbra hacer una breve oración de "despedida." Toda oración litúrgica, aunque breve, no por eso es menos importante, más bien, es muy importante el énfasis, sinceridad y propósito manifiesto en cada una de ellas.

La Confesión Identificativa

Este es un tipo muy especial de confesar los pecados. Tiene como característica el arrepentimiento, la identificación, la inclusión y la intercesión. Es la confesión en la cual nos incluimos y nos identificamos con los pecados de nuestro pueblo como si fueran nuestros. Como una muestra tenemos el caso de Nehemías, en el capítulo 1.

Asimismo, nos arrepentimos, pedimos perdón e intercedemos por nuestro pueblo. Aunque podemos reconocer y confesar los pecados de nuestros antepasados, no obstante, es antibíblico "pedir perdón" por los pecados de ellos en general o en particular, porque conforme a la Biblia, cada uno tendrán que dar cuenta de sus transgresiones ante Dios (Ezequiel 18:1-24). En este caso, nuestra confesión es solamente de confesión, aceptación y reconocimiento de que junto con nuestros padres y nación hemos pecado contra Dios. Mas no es para interceder por los pecados ajenos ni pasados. Esa ya es una responsabilidad de cada persona ante los ojos de Dios.

Este modelo lo encontramos en la Biblia en dos grandes episodios de la historia del pueblo de Israel. Esta confesión la vemos como parte de una oración de arrepentimiento, en la cual se confiesan los pecados de una nación y de otros que han partido en generaciones anteriores. En ella yo me incluyo: *"yo y la casa de mi padre,"* es decir, de nuestra familia. El primer caso lo vemos en la oración de Nehemías 1:5-11 cuando levanta su oración a Dios diciendo:

> [6] esté ahora atento tu oído y abiertos tus ojos para oír la oración de tu siervo, que hago ahora delante de ti día y noche, por los hijos de Israel tus siervos; y confieso los pecados de los hijos de Israel que hemos cometido contra ti; sí, yo y la casa de mi padre hemos pecado. [7] En extremo nos hemos corrompido contra ti, y no hemos guardado los mandamientos, estatutos y preceptos que diste a Moisés tu siervo.
>
> *Nehemías 1:6-7*

También al sacerdote Esdras le tocó la oportunidad de interceder por su pueblo, de la misma manera que Nehemías lo hizo, confesando explícitamente cada uno de los pecados en que el pueblo se había apartado de Dios. Lo leemos en el capítulo 9:6-15:

> [6] y dije: Dios mío, confuso y avergonzado estoy para levantar, oh Dios mío, mi rostro a ti, porque nuestras iniquidades se han multiplicado sobre nuestra cabeza, y nuestros delitos han crecido hasta el cielo.
>
> [7] Desde los días de nuestros padres hasta este día hemos vivido en gran pecado; y por nuestras iniquidades nosotros, nuestros reyes y nuestros sacerdotes hemos sido entregados en manos de los reyes de las tierras, a espada, a cautiverio, a robo, y a vergüenza que cubre nuestro rostro, como hoy día. (continúa hasta el verso 15).

Otro modelo bíblico de confesión se encuentra en Daniel 9:1-20, mientras oraba por su pueblo el cual se había alejado de Dios. En su oración estuvo caracterizada por el fervor (v.3) y la autonegación (v.4); identificándose sin egoísmo con el pueblo de Dios (v.5); e intensificada por la confesión (v.5-15); dependiente del carácter de Dios (vv. 4,7,9,15); y teniendo como meta la gloria de Dios (vv.16-19). Como Daniel, los cristianos debemos venir ante Dios intercediendo por otros con un corazón contrito y una actitud de arrepentimiento, reconociendo nuestra propia insignificancia y con el sentido de autonegación.

Ministrando en el Altar

Esta modalidad es específica, para orar personal y directamente por otras personas. Jesús instruyó a sus discípulos a hacerlo, como parte activa de su ministerio:

> Y yendo, predicad, diciendo: El reino de los cielos se ha acercado. Sanad enfermos, limpiad leprosos, resucitad muertos, echad fuera demonios; de gracia recibisteis, dad de gracia.
> *Mateo 10:7, 8.*

Hay varias formas de ministrar en oración, dependiendo del lugar donde se ministra, de las personas y del caso o necesidad que cada una presente. Algunos predicadores, cuando terminan de exponer su sermón, acostumbran a hacer "un llamamiento al altar," para orar por las personas que desean rendir a Cristo sus vidas. En otras ocasiones, para orar por los enfermos, o por los que tienen necesidades "especiales." Esta oración en el altar es un poco más abierta y libre de tiempo. Pero también se ministra en muchos otros lugares, tantos como se presente la necesidad y la ocasión: hogares, hospitales, cárceles, centros de trabajo, en la calle, etc.

Cabe decir que el momento del altar debe ser el momento más excitante y solemne de todo el servicio. Todo lo que hacemos durante el culto, en su debido orden es importante. Pero éste es el momento cuando la iglesia está de parto, donde se ve la efectividad de la predicación y de la obra del Espíritu Santo, transformando la vida de pecadores, donde nacen las nuevas criaturas en Cristo. Donde se realiza cirugía mayor a todo tipo de sufrimientos del alma, liberación de opresiones demoniacas; donde se realizan sanidades milagrosas –muchas de ellas incurables. Me quedé sorprendido en una ministración extraordinaria que tuvo lugar en una cruzada evangelística en estadio de la ciudad de Monterrey, Nuevo León, en México. El evangelista no predicó más de cuarenta minutos, pero el tiempo que se dedicó a ministrar –orar personalmente por cada uno– a los miles de personas que acudieron al "llamado al altar," fue en promedio de cuatro a cinco horas. ¡Tremendo! Los resultados, tremendos; la cosecha de almas, tremenda.

La pregunta obligada es: ¿Cuánta importancia le damos al servicio de altar? ¿Cuánta compasión sentimos por los necesitados, los afligidos o enfermos, al grado que nos entregamos sin límite de tiempo a ministrarlos en oración? El mismo Espíritu que fue profetizado sobre el Mesías, es el mismo que descendió el día de Pentecostés en el Aposento Alto, el cual ha descendido sobre nosotros también:

> El Espíritu de Jehová el Señor está sobre mí, porque me ungió Jehová; me ha enviado a predicar buenas nuevas a los abatidos, a vendar a los quebrantados de corazón, a publicar libertad a los cautivos, y a los presos apertura de la cárcel; a proclamar el año de la buena voluntad de Jehová, y el día de venganza del Dios nuestro; a consolar a todos los enlutados; a ordenar que a los afligidos de Sion se les dé gloria en lugar de ceniza, óleo de gozo en lugar de luto, manto de alegría en lugar del espíritu angustiado; y serán llamados árboles de justicia, plantío de Jehová, para gloria suya.
> *Isaías 61:1-3*

Oración de Intercesión

Interceder espiritualmente es abogar por otra u otras personas, es ponerse en su lugar para suplicar o defender cada caso, según su necesidad, motivado solamente por el amor y la misericordia que Dios nos inspira. Es pedir a favor de otros en sus tribulaciones y en sus necesidades para que juntamente con ellos celebremos las victorias que el Señor nos conceda en respuesta a nuestras oraciones.

Esta es la forma de oración en la que dejamos atrás nuestras necesidades personales, para enfocarnos en las necesidades de nuestro prójimo. El atender a las necesidades que otras personas están sufriendo, nos identifica con el "espíritu de compasión" de nuestro Señor Jesucristo. El papel del mediador en la oración era común en el Antiguo Testamento como con Abraham, Moisés, David, Samuel, Ezequías, Elías, Jeremías, Ezequiel y Daniel.

Un intercesor es alguien que intercede a favor de alguien. Se entiende también como que es un abogado, un mediador, un redentor que paga un precio por un esclavo o preso, un fiador. Cristo Jesús es señalado en el Nuevo Testamento como el intercesor fundamental por excelencia: y es por ello que toda la oración cristiana se convierte en intercesora, puesto que es ofrecida a Dios por y a través de Cristo. Él fue el más grande mediador (intercesor y abogado) que haya existido jamás. Por esta causa, ahora podemos interceder en oración a favor de otros cristianos, o por los perdidos, pidiendo a Dios que les conceda arrepentirse de acuerdo a Su voluntad.

Porque hay un solo Dios, y un solo mediador (intercesor) entre Dios y los hombres, Jesucristo hombre.
(1 Timoteo 2:5).

1 Hijitos míos, estas cosas os escribo para que no pequéis; y si alguno hubiere pecado, abogado (el que intercede legalmente) tenemos para con el Padre, a Jesucristo el justo.
2 Y él es la propiciación por nuestros pecados; y no solamente por los nuestros, sino también por los de todo el mundo.
1ª Juan 2:1, 2

¿Quién es el que condenará? Cristo es el que murió; más aún, el que también resucitó, el que además está a la diestra de Dios, el que también intercede por nosotros.
Romanos 8:34

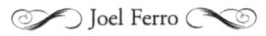

No hay mejor modelo de oración intercesora, que la que el mismo Jesús hace por la unidad de todos los que han creído en Él, según lo podemos leer en San Juan capítulo 17. Con cierta frecuencia el apóstol Pablo solicitaba que se hiciera oración intercesora por él o por los que lo acompañaban, en algunas de sus cartas a las iglesias o a alguien en especial.

Hermanos, orad por nosotros.
1ª. Tesalonicenses 5:25

Por lo demás, hermanos, orad por nosotros,
para que la palabra del Señor corra y sea glorificada,
así como lo fue entre vosotros...
2ª. Tesalonicenses 3:1

Orad por nosotros;
pues confiamos en que tenemos buena conciencia,
deseando conducirnos bien en todo.
Hebreos 13:18

Doy gracias a mi Dios siempre que me acuerdo de vosotros,
siempre en todas mis oraciones
rogando con gozo por todos vosotros,...
Filipenses 1:4

Os saluda Epafras, el cual es uno de vosotros, siervo de Cristo,
siempre rogando encarecidamente por vosotros
en sus oraciones, para que estéis firmes, perfectos y completos en
todo lo que Dios quiere.
Colosenses 4:12

Intercesores Anónimos

Y busqué entre ellos hombre que hiciese vallado
y que se pusiese en la brecha delante de mí,
a favor de la tierra, para que yo no la destruyese; y no lo hallé.
Ezequiel 22:30.

Dios está buscando, hoy más que nunca, a hombres y mujeres que se pongan favor de otros, que estén dispuestos a ponerse en la brecha entre Dios y este mundo para interceder ante ÉL para que sus propósitos sean manifiestos aquí en la tierra. Dios está buscando a hombres y mujeres que quieran levantar un vallado y cobertura de oración para los hogares, las familias, las iglesias, empresas, ministerios, proyectos, ciudades, naciones, y continentes.

El corazón de Dios late por las almas, pues El dio a su único hijo unigénito para que toda la humanidad fuese salva (Juan 3:16). Dios quiere sanar, restaurar, liberar, restituir y traer un avivamiento sobre la faz de la tierra pero para eso, Él necesita a personas que se pongan en la brecha por otras para que todos sus planes y designios se manifiesten. Es por esto, que EL nos dejó un arma espiritual poderosa para traer Su voluntad acá en la tierra, y esa arma se llama Intercesión.

Algunos cristianos piensan erróneamente, que aquellos que hacen intercesión por otros, son como una élite especial de super-cristianos, llamados por Dios para un ministerio de intercesión. Nada más lejos de la verdad. La Biblia es clara en que todos los cristianos son llamados a ser intercesores. Todos los cristianos tenemos al Espíritu Santo en nuestros corazones, y así como Él intercede por nosotros de acuerdo con la voluntad de Dios (Romanos 8:26-27), nosotros debemos interceder unos por otros. Esto no es un privilegio limitado a una clase exclusiva de creyentes; este es un mandato para todos los cristianos. De hecho, el no ofrecer intercesión por otros, es pecado.

> "Así que, lejos sea de mí que peque yo contra Jehová
> cesando de rogar por vosotros."
> *(1 Samuel 12:23).*

Pedro y Pablo le pedían a otros que intercedieran por ellos, no limitaban su petición a aquellos con un llamado especial a la intercesión. "Así que Pedro estaba custodiado en la cárcel; pero la iglesia hacía sin cesar oración a Dios por él." (Hechos 12:5). Nótese que era toda la iglesia la que oraba por él, no sólo aquellos con el don de la intercesión. En Efesios 6, Pablo exhorta a los creyentes efesios –a todos ellos– acerca de la lucha espiritual, concluyendo con un llamado a oración intercesora por todos los santos y por él para hablar con denuedo la Palabra de Dios:

> Sobre todo, tomad el escudo de la fe, con que podáis apagar todos los dardos de fuego del maligno. Y tomad el yelmo de la salvación, y la espada del Espíritu, que es la palabra de Dios, orando en todo tiempo con toda oración y súplica en el Espíritu, y velando en ello con toda perseverancia y súplica por todos los santos, y por mí...
> *Efesios 6:18, 19*

Los intercesores anónimos son aquellos que no se hacen notar, como los agentes secretos que nadie los conoce, pero que son las columnas que sostienen la obra de Dios. Son los que cumplen con la azarosa tarea de orar de día o de noche por sus pastores, por su iglesia o por algún ministerio en especial. Son los guerreros, corsarios o legionarios –como les quieras llamar– que cumplen con el mandato de su general (Jesús) al pie de la letra, recordando cada día la orden: "que es necesario orar en todo tiempo y no desmayar" (Lucas 18:1). Para ellos no es un castigo la oración sino un placer y un privilegio, y son especialistas en carreras de obstáculos, es decir, no hay obstáculos que no puedan brincar ni que les aminore el paso.

Ejemplos Reales

> ¡A la ley y al testimonio! Si no dijeren conforme a esto,
> es porque no les ha amanecido.
> *Isaías 8:20*

Lo que le da valor a la experiencia de cada persona en lo que se refiere a un cambio de vida radical, de 180º en su vida espiritual y carácter, es el testimonio personal, pero además, de la cantidad de gente que gira alrededor nuestro que también dan testimonio de dichos cambios. Para ello, quiero hacer mención breve de dos testimonios de los cuales yo soy el protagonista central.

Primer Ejemplo

Mi propia experiencia, un breve testimonio. Aunque nací en cuna evangélica, a la edad de 17 años todo marchaba más o menos. Eran los años 60's, época de la fiebre por el Rock and Roll, las drogas, las melenas largas, los hippies y aun así todo caminaba bien. Una vez que entré a la Escuela Nacional Preparatoria en la ciudad de México, fui sorprendido en mi primera clase de literatura, cuando el maestro de literatura (ateo recalcitrante) inició su clase, lo primero que hizo fue declararnos que "Dios no existe," el hombre solamente subsiste por las fuerzas de la naturaleza. Nadie objetó nada, salvo una compañera que había estudiado con monjas. Al salir de la clase salí tan trastornado con tales argumentos y declaraciones, que mi vida empezó a caer en un pozo cuyo único fondo son las tinieblas del infierno, esto es, a las drogas, inhalantes, alcohol, pandillas, etc. A los 22 años decidí irme a San Francisco, California en los Estados Unidos, a la capital mundial del "Rock" y de las comunidades hippies, donde las drogas eran el pan de cada día. Ya para ese entonces mi salud estaba tan deteriorada que casi no podía respirar, pues aspiraba el aire tan desesperadamente que yo ya sabía que estaba cerca del colapso, es decir, de morir. Por otro lado, mis padres ya sabían la clase de vida que yo llevaba, pero como eran personas de fe y de mucha oración, siempre persistían en interceder por su único hijo, el cual estaba perdido, rogando a Dios que lo salvara de esa clase de vida perdida. Un día Dios escuchó sus oraciones y decidió –Dios– poner "manos a la obra," y comenzó conmigo un proceso de restauración. Lo primero que hizo fue ponerme trabas para que yo no llegara a San Francisco, California, sino que me detuvo en Tijuana, Baja

California. Segundo, hospitalizarme bajo cuidados intensivos. El hospital fue una pequeña iglesia evangélica, y los médicos que me atendieron" de todo a todo" fueron un anciano pastor y el enfermero, uno de sus hijos. El tratamiento diario consistía en escuchar atentamente la Palabra de Dios. Al cabo de cuatro meses, me di de alta, pues había llegado el momento de decidir encaminarme hacia una nueva vida con Cristo, o continuar unos cuantos días más hacia el colapso inminente que las drogas y el alcohol habían causado en mi salud, como última alternativa. A pesar de las luchas que se agitaban en mi interior, decidí por seguir a Cristo, y para honrar a mi padre en su muerte –pues acababa de morir– tomé la mayor decisión de mi vida, y desde ese día en adelante comencé a experimentar una verdadera nueva vida y relación con Cristo. Aquí termino el relato de mi conversión a Cristo Jesús. La conclusión de mi conversión está en el énfasis de las oraciones contestadas. Como este caso, hay cientos de miles de casos en que padres y madres de familia que han rogado a Dios durante años por la salvación de sus hijos, padres, familiares o amigos han sido contestadas de una forma real y verdadera, no inventada. Así como en este caso, yo y miles de personas tenemos una historia y un gran testimonio de las oraciones contestadas por el mismísimo Dios.

Segundo Ejemplo

Hace años, al principio de mi vida cristiana, asistía a una iglesia "muy sencilla" en su forma de alabar a Dios, en una ciudad donde hubo varias cruzadas evangelísticas organizadas por otras iglesias "más avivadas." A los pocos días de realizada la cruzada más de la mitad de la gente que asistía a esta iglesia se iban a las congregaciones "avivadas." Se quedaba con poca gente esta iglesia. Pero me asombraba ver que en unos pocos meses la iglesia volvía a llenarse, y así pasaba cada vez que había cruzadas en la ciudad; la iglesia se vaciaba, pero el Señor la volvía a llenar. Pero mi asombro creció cuando descubrí el secreto de lo que ocurría al volverse a llenar la iglesia con gente nueva. Resulta que había un anciano de más de setenta años, muy delgado y ciego, al cual nadie le hacía caso, excepto su hija con la cual vivía. Este anciano se la pasaba todo el día orando e intercediendo por la iglesia. ¡Ahí estaba la clave! Ese anciano era casi como un ángel guardián, que de día y de noche velaba por la salud espiritual de la iglesia, a pesar de todas las adversidades al perder tanta gente. El Señor atendía siempre las oraciones de este anónimo intercesor.

Enfocando nuestra Oración

¿Hacia quiénes?

La siguiente, es sólo una lista parcial de aquellos por quienes debemos ofrecer oraciones intercesoras:

- Todos los gobiernos del mundo (1 Timoteo 2:2)
- Por los pastores, ministros, evangelistas, líderes laicos, etc. (Filipenses 1:19)
- Por las iglesias de la ciudad y del mundo entero (Salmos 122:6)
- Por todos los que sufren persecución por causa del evangelio.
- Por los que nos persiguen (Mateo 5:44)
- Por la paz de Jerusalén (Salmo 122:6)
- Porque venga pronto el deseado de todas las naciones (Hageo 2:7) Cristo Jesús.
- Por los enfermos, los huérfanos, viudas, los pobres, indigentes, moribundos, etc.

- Por los que viven encadenados por los vicios (pandilleros, prostitutas, gays, etc.)
- Por los presos, por nuestra nación, por otras naciones, etc.
- Por las naciones que no conocen a Cristo.
- Por los inmigrantes, por los que no tienen dónde vivir.
- Por los enfermos en los hospitales y los que no tienen esperanza.
- Por los que nos abandonan (2ª Tim. 4:16)
- Por todo los hombres, en todos los lugares de la tierra (1ª Tim. 2:1)
- Por nuestros padres, hermanos, hijos, familiares, amigos y enemigos.
- Por artistas, médicos, científicos, militares, policías, profesionistas en general.
- Etc, etc. etc. etc. etc. etc …

El Alcance de la Oración Intercesora

Se proyecta no solamente hacia ciertas personas conocidas que están en necesidad, o que por amor las llevamos en oración ante la presencia del Señor. Nuestra intercesión se extiende a situaciones especiales o difíciles que van más allá de nuestros alcances o límites ambientales y territoriales. Se puede interceder por agrupaciones seculares, congregaciones cristianas, conflictos políticos, conflictos armados, conflictos nacionales e internacionales. Pero en otros casos, que los conflictos comienzan a volverse más complejos, es cuando comienzan a llamar la atención a grandes movimientos de oración, tomando como base el principio divino establecido por Jesús: «Además, les digo que si dos de ustedes en la Tierra se ponen de acuerdo sobre cualquier cosa que pidan, les será concedida por mi Padre que está en el cielo» (Mateo 18:19). Naturalmente, cuando la necesidad se llega a convertir en asunto de carácter territorial o nacional, los intercesores –sean líderes espirituales o intercesores de experiencia– se ponen de acuerdo sobre el objetivo de las oraciones. En el libro de los Jueces –en la Biblia– encontramos varias situaciones que tenían en común cada una de las historias de dichos jueces: Israel se apartaba y se olvidaba de Dios. Venían tiempos de opresión para Israel. Ellos oraban a Dios y gemían a causa de la opresión. Dios levantaba un líder –territorial– el cual los liberaba de sus enemigos. Reincidían, y la historia se repitió por cerca de tres cientos años. El resumen es como sigue:

> 11 Los hijos de Israel hicieron lo malo ante los ojos de Jehová,
> y sirvieron a los baales... 12 Dejaron a Jehová el Dios de sus
> padres... 14 Y se encendió contra Israel el furor de Jehová, el cual los
> entregó en manos de robadores que los despojaron... 16 Y Jehová
> levantó jueces que los librasen de mano de los que les despojaban;
> 18 Y cuando Jehová les levantaba jueces, Jehová estaba con el juez, y
> los libraba de mano de los enemigos todo el tiempo de aquel juez;
> porque Jehová era movido a misericordia por sus gemidos a causa
> de los que los oprimían y afligían. 19 Mas acontecía que al morir
> el juez, ellos volvían atrás, y se corrompían más que sus padres...
> *Jueces 2:11-19* (Énfasis mío subrayado).

Muchos de los episodios bíblicos que vivió el pueblo de Israel en contra de sus enemigos, fueron librados en base a movimientos de oración. Basta con darle un repaso a las historias de las guerras de Israel, para tomar nota que la intercesión del pueblo de Dios en causas determinadas, puede ser tan poderosa que puede cambiar el curso de muchos acontecimientos de la historia. El libro de Ester es un modelo ejemplar de cómo Dios puede librar a todo un pueblo a punto de ser exterminado.

Tan solo por la intercesión que todo el pueblo respaldó con sus ayunos y sus oraciones en favor de Ester y Mardoqueo, Dios les dio la victoria. Hasta el día de hoy, los Judíos siguen celebrando esa victoria conmemorativa, como una fiesta nacional llamada "la fiesta de Purim."

Capítulo 4
Cómo No y Cómo Sí Debemos Orar

Como los hipócritas

Los fariseos trataban de ser vistos, de llamar la atención, de lo cual Dios no se agrada. Cualquier tipo de oración que se haga para llamar la atención de una audiencia y convertirla en un mero espectáculo, de seguro que Dios no está en el asunto.

5 Y cuando ores, no seas como los hipócritas; porque ellos aman el orar en pie en las sinagogas y en las esquinas de las calles, para ser vistos de los hombres; de cierto os digo que ya tienen su recompensa.
Mat. 6: 1, 5

No Usando Vanas Repeticiones

7 Y orando, no uséis vanas repeticiones, como los gentiles, que piensan que por su palabrería serán oídos.
Mateo 6:7

Hay ciertas oraciones que a veces repetimos en exceso, sin siquiera hacer consciencia de lo que estamos hablando. A esto es a lo que se refiere el Señor Jesucristo. Las repeticiones sin entendimiento no traen ningún fruto. Pablo enseña lo siguiente: *15* ¿Qué, pues? Oraré con el espíritu, pero oraré también con el entendimiento" (1ª. Corintios 14:15). Si la oración es concreta, sobre algo especial, y le mostramos al Señor cierta insistencia en nuestra oración, repitiendo varias veces nuestra súplica, no hay nada de malo en ello. Sin embargo, cuando esto sucede, es porque surge de un corazón angustiado, necesitado del favor divino, que puede llegar a los extremos del dolor, del quebranto interior, del llanto y del gemido, y no es nada raro que el mismo Espíritu de Dios nos mueva para hacerlo así, en pleno entendimiento y consciencia de lo que estamos haciendo., porque así le agrada a Dios: *"Al corazón contrito y humillado, no despreciarás tú, oh Dios* (Salmo 51:17b).

Carnalmente

7 Por cuanto los designios de la carne son enemistad contra Dios;
porque no se sujetan a la ley de Dios, ni tampoco pueden;
8 y los que viven según la carne no pueden agradar a Dios.
Romanos 8:7, 8

Para poder entender este término, hay que definir el significado de lo que quiere decir "carnal," "carnalidad," o "en la carne." El apóstol Pablo lo explica de la siguiente manera: En la Biblia, la palabra carne (hebreo *basar*, en griego *sarx*, en latín *caro*) tiene diversas significaciones. En el Antiguo Testamento se usa principalmente para referirse a todas las criaturas animadas con énfasis en los seres humanos. En el Nuevo Testamento predomina la significación peyorativa moral con énfasis en el sentido de debilidad –espiritual–, por ejemplo: "*Velad y orad, para que no entréis en tentación; el espíritu a la verdad está dispuesto, pero la carne es débil."* *Mateo 26:41.* En el *"corpus paulinum,"* el apóstol hace referencia a la carne, dando a entender una contraposición al Espíritu de Dios y a frutos pecaminosos:

16 Digo, pues: Andad en el Espíritu, y no satisfagáis los deseos de la
carne. 17 Porque el deseo de la carne es contra el Espíritu, y el del
Espíritu es contra la carne; y éstos se oponen entre sí, para que no
hagáis lo que quisiereis. 18 Pero si sois guiados por el Espíritu, no

estáis bajo la ley. [19] Y manifiestas son las obras de la carne, que son: adulterio, fornicación, inmundicia, lascivia, [20] idolatría, hechicerías, enemistades, pleitos, celos, iras, contiendas, disensiones, herejías, [21] envidias, homicidios, borracheras, orgías, y cosas semejantes a estas; acerca de las cuales os amonesto, como ya os lo he dicho antes, que los que practican tales cosas no heredarán el reino de Dios.
Gálatas 5:16-21.
Leer también: 2ª Pedro 2:9-22 y Judas 1:10-13; Efesios 4:17-19, 22

Una vez definida esta expresión conforme a uno de los usos que se le aplican en el Nuevo Testamento, podemos definir esta forma de "cómo no orar." Orar en "la carne" significa, por lo tanto, hacerlo bajo una condición de permanencia en el pecado, algún pecado, el que sea. ¿Por qué? Porque el pecado es una muralla entre Dios y el pecado arraigado en la carne. Dios no puede ver el pecado. Y por consecuencia, no puede oír –atender– al que retiene su (s) pecado (s). Antes de avanzar en su oración, la persona necesita "ponerse a cuentas" con Dios, es decir, arrepentirse; pedir perdón por los pecados a los que consciente y voluntariamente está inclinado. Dios es bueno y perdonador, con mayor razón si contamos con la representación legal de un abogado, conforme lo describe el apóstol Juan:

"Hijitos míos, estas cosas os escribo para que no pequéis; y si alguno hubiere pecado, abogado tenemos para con el Padre, a Jesucristo el justo. [2] Y él es la propiciación por nuestros pecados; y no solamente por los nuestros, sino también por los de todo el mundo.
1ª. Juan 2:1, 2.

Orar Egocéntricamente

Porque todos buscan lo suyo propio, no lo que es de Cristo Jesús.
Filipenses 2:21

4 … no mirando cada uno por lo suyo propio,
sino cada cual también por lo de los otros.
Filipenses 2:4

Jesús puso el ejemplo de un fariseo y un publicano que fueron a orar al templo. El fariseo –de pie– se jactaba de su religiosidad y de sus obras de justicia:" mientras que el publicano…

… estando lejos, no quería ni aun alzar los ojos al cielo, sino que se golpeaba el pecho, diciendo: Dios, sé propicio a mí, pecador."
14 Os digo que éste descendió a su casa justificado antes que el otro; porque cualquiera que se enaltece, será humillado; y el que se humilla será enaltecido.
Lucas 18:9-14.

También Santiago hace alusión a nuestra manera de pedir –egocéntricamente–, la cual tiene una fuerte raigambre en el ego y su relación con el "mundo" y el pecado:

3 Pedís, y no recibís, porque pedís mal, para gastar en vuestros deleites.
4 ¡Oh almas adúlteras! ¿No sabéis que la amistad del mundo es enemistad contra Dios?
Cualquiera, pues, que quiera ser amigo del mundo, se constituye enemigo de Dios.
Santiago 4:3, 4.

La mayoría de la gente somos susceptibles de ser afectados por un problema que nace, crece, se reproduce y da sus frutos en su carácter. Este problemita se llama "ego." Para poder combatirlo hay que entenderlo primero. Sería bueno tratar de entender, al igual que Dios, si no se ha desarrollado en nuestro carácter el egocentrismo. Para ello haré un descripción de este problema del alma: el ego.

EGO
El Gran Oponente (de nuestras almas)

¿Qué es el ego?

Comencemos por decir que el ego falso es el que anida en nuestro ser interior o alma) y potencializa todos nuestros problemas. Todo aquello que nos causa miedo en todas sus manifestaciones: incomodidad, malestar desazón, irritación, preocupación, y cuantas emociones y sentimientos que no sean amor, son potenciados por el ego. Toda aquella visión que señala diferencias de cualquier tipo, que juzga maliciosamente, que se ofende sin ninguna causa, que duda sin bases o no cree, que teme sin razón, que sufre sin haber causa, que se cree, se ve y se siente especial, es un problema del ego. El solo sentimiento de sentirse en desacuerdo con los demás solo porque sí, es un problema del ego, porque en el fondo esconde un sentimiento de odio.

El ego es ajeno a nuestra naturaleza humana. De hecho fue atraído por el ser humano dado que no tenía morada propia. La naturaleza real del ser humano es de infinita compasión y amor. Existe sólo para dar. Así que a esta entidad ajena del ego le fue permitido coexistir con nosotros los humanos y gradualmente, como un parásito alimentándose de su anfitrión, se ha apropiado de todo nuestro funcionamiento. Como un parásito debe ser rechazado, expelido con fuerza para que podamos volver a nuestra verdadera naturaleza de libertad espiritual. Esto muchas veces involucra el trabajo de personas espirituales que realizan la operación en una víctima humana para remover la entidad ego por entero. El ego o "falsa Identidad" es muy listo, lleno de recursos y puede manipular y adaptarse a cualquier circunstancia para evitar su detección y expulsión.

El ego es una personalidad desarrollada por la mente, crece y se fortalece dentro del ser humano. Lo que le da su fuerza son otros espíritus que al ser asimilados e integrados en la persona, forman una cadena muy fuerte que solamente puede ser rota por el poder libertador de Cristo Jesús. Como cualquier otro espíritu maligno, debe ser identificado y expulsado de nuestro corazón, mediante la confesión y el arrepentimiento. La Biblia lo define en términos simples y llanos: "la vieja criatura" o "el hombre viejo" (Romanos 6:6). De hecho, nuestra oración debe ser Bibliocéntrica y Cristocéntrica. De no ser así. Entonces se centra en nuestras obras y en nuestras fuerzas.

Desenmascarando al Ego

Cuenta una Historia de ciencia-ficción, que un científico descubrió el arte de reproducirse a sí mismo tan perfectamente que resultaba imposible distinguir el original de la reproducción. Un día se enteró de que andaba buscándole el Ángel de la Muerte, y entonces hizo doce copias de sí mismo. El Ángel no sabía cómo averiguar cuál de los trece ejemplares que tenía ante sí era el científico, de modo que los dejó a todos en paz y regresó al cielo. Pero no por mucho tiempo, porque, como era un experto en la naturaleza humana, se le ocurrió una ingeniosa estratagema. Regresó de nuevo y dijo: "Debe de ser usted un genio, señor, para haber logrado tan perfectas reproducciones de sí mismo, sin embargo, he descubierto que su obra tiene un defecto, un único y minúsculo defecto". El científico pegó un salto y gritó: "¡Imposible! ¿Dónde está el defecto?". "Justamente aquí", respondió el Ángel mientras tomaba al científico de entre sus reproducciones y se lo llevaba consigo.

"Todo lo que hace falta para descubrir al "ego" es una palabra de adulación o de crítica". Si el ego es adulado, entonces reacciona sintiéndose orgulloso y superior. Pero si es criticado, entonces reacciona con ira o con auto justificaciones, argumentos o evasiones. Jesús fue tentado en su ego (Mateo 4:1-11).

Manifestaciones del Ego

Ya que el ego es el "yo," entonces se entiende como nuestro hombre interior hecho a la imagen y a la semejanza de Dios (Gn. 1:26). Por causa del pecado nuestro ser interior (ego) se ve contaminado causando un desequilibrio en nuestros pensamientos, emociones, decisiones, conducta, forma de decidir, forma de manifestarnos. Sus efectos negativos afectan aun nuestra voluntad, ya que muchas de las fuerzas negativas que logran adherirse al ego logran imponerse en nuestra inconsciencia, dando como resultado conductas que escapan a nuestra voluntad, formando parte de nuestro carácter y de nuestra personalidad.

La Fuente del Egoísmo

Satanás es la fuente del egoísmo. El egoísmo nació en su corazón:

> 13 Tú que decías en tu corazón: Subiré al cielo; en lo alto, junto a las estrellas de Dios, levantaré mi trono, y en el monte del testimonio me sentaré, a los lados del norte; 14 sobre las alturas de las nubes subiré, y seré semejante al Altísimo.
> *Isaías 14:13, 14*

> 17 Se enalteció tu corazón a causa de tu hermosura.
> *Ezequiel 28:17*

El Ego es Pecado

Ya que el ego es una ilusión que pretende proyectar y mantener la idea de la separación, ¿la separación de qué? De nuestra fuente, del Espíritu, de nuestro Padre, de Dios, y nos vuelve esclavos espirituales. Si nos sentimos separados del Padre, entonces proyectaremos esta ilusión de la separación en toda nuestra experiencia de vida. Nos sentiremos separados de los demás, ya sea con un sentimiento de superioridad o inferioridad a través del juicio, rechazo, odio, orgullo, soberbia, etc, es decir a través del miedo.

Así pues, el perdón a uno mismo y a los demás, por lo que creemos que es realidad, es la mejor manera de quitarle fuerza e importancia al ego falso (el cual se identifica con la mente) y acercarnos al verdadero (que se identifica con el Espíritu de Dios). El ego falso se proyecta así mismo en los demás. Cuando vemos problemas, imposibilidades, incapacidades, cuando vemos carencia en los demás, es el ego propio que se proyecta sin fin en los de "allá afuera".

Nuestra Verdadera Identidad

Si logramos ver hacia dentro de nosotros mismos encontraremos lo que es verdadero: al ego verdadero o superior, al verdadero ser interior hecho a la imagen de Dios, que nos muestra que nunca existió la separación, que somos uno con el Espíritu y que los de "allá afuera" son una extensión del amor que se es. Lo único que puede impedirnos ver hacia dentro y ver al ego falso, es el propio ego falso fortalecido en nuestra mente, ya que con solo verlo éste revelaría lo ilusorio de su naturaleza, y por lo tanto quedaría expuesto a luz y al amor de Dios. La luz y el Amor disuelven toda presencia del ego falso, ya que sana nuestra mente de la idea de la separación restaurando la unidad. ¿Cómo se forma nuestra falsa identidad?

- A la falsa identidad desarrollada por la mente se le llama [EGO.]

- El ego es el "yo" de cada individuo que se define por la experiencia acumulativa de conocimientos, costumbres e influencias externas de cada persona.

- El ego solo puede identificarse con la mente, mas no con el espíritu.

- Es la –mente– la que le da seguridad porque es lo único que tiene y conoce.

- No se puede identificar con su propio espíritu que es su verdadero yo, sino con su ego, con su mente, porque es la única seguridad que tiene.

- Es la única información que preserva que le dice "quién es." Eso lo mantiene en un estado de ceguera espiritual, o en su defecto como "muertos espirituales."

A menos que la gente voluntariamente se rinda a Cristo para ser renovado con la mente y el Espíritu de Cristo y venga a ser "una nueva criatura" (2ª Cor. 5:17), entonces pueda decir como Job:

> 4 Oye, te ruego, y hablaré; Te preguntaré, y tú me enseñarás.
> 5 De oídas te había oído; Mas ahora mis ojos te ven.
> 6 Por tanto me aborrezco (mi propio ego-yo falso),
> Y me arrepiento en polvo y ceniza.
> *Job 42:4-6*

El Ego es Fuente de Muchos Males

Es todo lo contrario del amor (1ª. Cor.13) El egoísmo da entrada a todos estos males: el orgullo, la soberbia de la vida, la avaricia, la envidia, la codicia, el amor al dinero, el narcisismo, el sensualismo, la idolatría (egolatría), la autocomplacencia, glotonería, embriaguez, drogadicción, depravación mental y sexual, volviéndose insaciable, nunca se llena, siempre demanda más y más para sí mismo. Varios de los apegos que los seres humanos tiene arraigados en su mente (ego) es el amor al dinero, lo cual dice la Biblia que es avaricia. Lo mismo sucede con el apego a las imágenes e ídolos. Por eso es tan difícil arrancar a la gente de la idolatría. Sin embargo, en su misericordia, a Dios le ha complacido sacarnos de la oscuridad espiritual y traernos a su luz admirable (1ª Pedro 2:9, 10).

El Evangelio Batalla contra nuestro propio Ego

Juan el bautista predicó contra el ego (Lucas 3:11). Jesús fue radical en muchas de sus enseñanzas, cambiando los conceptos tradicionales. Lo oímos decir "amad a vuestros enemigos", orad por los que os persiguen" (Mt. 5:38-48). Lo mismo en la parábola del Buen Samaritano (Lucas 10"33-37). Las recompensas de la vida eterna serán en base a las acciones de amor, no de egoísmo (Mt. 25:31-46). El apóstol Pablo escribe en su carta a los Filipenses estas consideraciones del carácter del Rey que dejando su trono de gloria se convirtió en siervo para venir a salvarnos:

3 Nada hagáis por contienda o por vanagloria; antes bien con humildad, estimando cada uno a los demás como superiores a él mismo; 4 no mirando cada uno por lo suyo propio, sino cada cual también por lo de los otros.

5 Haya, pues, en vosotros este sentir que hubo también en Cristo Jesús, 6 el cual, siendo en forma de Dios, no estimó el ser igual a Dios como cosa a que aferrarse, 7 sino que se despojó de sí mismo, tomando forma de siervo, hecho semejante a los hombres; 8 y estando en la condición de hombre, se humilló a sí mismo, haciéndose obediente hasta la muerte, y muerte de cruz. 9 Por lo cual Dios también le exaltó hasta lo sumo, y le dio un nombre que es sobre todo nombre, 10 para que en el nombre de Jesús se doble toda rodilla de los que están en los cielos, y en la tierra, y debajo de la tierra; 11 y toda lengua confiese que Jesucristo es el Señor, para gloria de Dios Padre.

Filipenses 2:3

Cómo vencer nuestro ego

El ego no es un espíritu al que se le pueda echar fuera. La única manera de vencer al ego es haciéndole morir con Cristo. Este es uno de los grandes misterios que encierra la crucifixión de Cristo Jesús. Que todo aquel que cree en Él, se une a su muerte, y con Él mueren todos los pecados que llevó sobre sí, y son llevados a lo más profundo del mar. La vieja naturaleza pecaminosa debe morir para dar paso al nacimiento de la nueva criatura en Cristo (2ª. Cor. 5:17).

5 Haced morir, pues, lo terrenal en vosotros:
fornicación, impureza, pasiones desordenadas, malos deseos y
avaricia, que es idolatría; 6 cosas por las cuales la ira de Dios viene
sobre los hijos de desobediencia, 7 en las cuales vosotros también
anduvisteis en otro tiempo cuando vivíais en ellas.
Colosenses 3:5-7

24 Pero los que son de Cristo han crucificado la carne con sus pasiones y deseos.
Gálatas 5:24

6 ... sabiendo esto, que nuestro viejo hombre fue crucificado juntamente con él, para que el cuerpo del pecado sea destruido, a fin de que no sirvamos más al pecado.
Romanos 6:6

Con Cristo estoy juntamente crucificado, y ya no vivo yo, mas vive Cristo en mí; y lo que ahora vivo en la carne, lo vivo en la fe del Hijo de Dios, el cual me amó y se entregó a sí mismo por mí.
Gálatas 2:20

13 Porque si vivís conforme a la carne, moriréis; mas si por el Espíritu hacéis morir las obras de la carne, viviréis.
Romanos 8:13

> 16 Digo, pues: Andad en el Espíritu, y no satisfagáis los deseos de la carne. 17 Porque el deseo de la carne es contra el Espíritu, y el del Espíritu es contra la carne; y éstos se oponen entre sí, para que no hagáis lo que quisiereis.
>
> *Gálatas 5:16, 17*

Orar pero ... No dudando nada

Para ser recompensado por Dios cuando le pedimos algo, es necesario hacerlo con fe. El enemigo es el sembrador de la duda, tal como lo observamos en un episodio en el huerto del Edén, cuando tentó a Eva, diciéndole: ¿Con que Dios os ha dicho: "No comeréis de ningún árbol del huerto?" La duda es hermana menor de la incredulidad y son muy parecidas. El que duda constantemente le causa inseguridad, por lo cual se ve ofuscada su mente para tomar las decisiones más grandes de su vida –como la de rendirse a Cristo–.

Asimismo, la duda con frecuencia nos hace claudicar entre dos o más pensamientos, y muchas veces influye de tal manera en nosotros para apartarnos del Dios vivo, como sucedió con el pueblo de Israel cuando se apartaron de Dios para ir en pos de Baal (1ª Reyes 18:21). También nos hace víctimas de la inseguridad, la confusión de pensamiento y nos arroja hacia la oscuridad, donde no nos resplandece la luz del Evangelio de la gloria de Cristo, porque Satanás enceguece nuestro entendimiento (2ª Cor. 4:4). El Apóstol Santiago dice en su epístola a los que se hallan ante diversas pruebas y que tienen falta de sabiduría:

> 6 Pero pida con fe, no dudando nada; porque el que duda es semejante a la onda del mar, que es arrastrada por el viento y echada de una parte a otra. 7 No piense, pues, quien tal haga, que recibirá cosa alguna del Señor.
>
> *Santiago 1:6, 7.*

Orar y Adorar Desordenadamente

Ampliando la orientación que Jesús nos da en Mateo 6 sobre cómo orar, Pablo agrega otros sanos consejos a los que oran. Esto se debe a que algunos rebasan los modos" de los fariseos, y lo hacen "desordenadamente." Lo hacen irreverentemente, levantando tanto la voz, que interrumpen al que está dirigiendo o que está predicando. Otros lo hacen con cierta presunción, para que los demás "se den cuenta" de que él es muy "ungido" porque "habla en unas lenguas" que nadie entiende. No es que se vea mal que lo haga, sino que lo que hace, lo hace desordenadamente, es decir, haciendo caso omiso de las recomendaciones que Pablo da en todo el capítulo 14 de su epístola a los Corintios, sobre estos asuntos específicos que son, el hablar en lenguas, interpretarlas, profetizar, etc. y termina diciendo: *40... pero hágase todo decentemente y con orden.*

Hay muchos otros tipos de desórdenes que deben ser tratados con paciencia, para enseñar a los creyentes la manera correcta de hacer las cosas en la Casa de Dios; con madurez, apegándonos a las Sagradas Escrituras. Las personas que no tienen control sobre sí mismas, corren el riesgo de caer en un descontrol que no es del Espíritu Santo. Todo lo que se escapa al control del pastor y de los líderes puede rayar en el desorden.

Orar Exigiendo

Hay algunas personas desorientadas que ignoran la actitud de humildad con la que hay que orar a Dios, por lo que pretenden exigirle a Dios que "Él tiene la obligación de contestar a su petición" porque Él así se comprometió en Su Palabra. Dios no tiene ninguna obligación para con nadie, pues Él es soberano en todo el universo. Tampoco estableció en su Palabra la alternativa de exigirle cuando no conteste o se tarde en hacerlo. Sin embargo, Dios no está en contra de las quejas o imprecaciones, siempre y cuando se hagan con una actitud correcta, es decir, con "un corazón contrito y humillado (Salmo 51:17) buscando misericordia.

Cómo –sí– debemos Orar

En privado

En secreto. Dios siempre escucha al que le invoca, aunque no necesariamente deba estar a solas con Dios. La experiencia nos enseña que de hecho lo hacemos también en grupos pequeños o en congregaciones. Sin embargo, esta es la forma más íntima y apartada, en la privacidad de "tu aposento" (cuarto de oración, recámara, etc.), donde mayor intimidad e inspiración puedes disfrutar. Jesús casi siempre lo hacía "a solas," a la intemperie, "en el desierto, muy de mañana, siendo aún muy oscuro" (Marcos 1:34). La mayoría de los profetas así lo hacían. Ya fuera en su aposento, ya fuera en el campo, en la montaña, en el templo; el mejor aprovechamiento es donde tú puedes concentrar toda tu atención en el Señor, cuyos oídos *"estarán siempre atentos a la voz de tu súplica"* (Salmo 130:2). El Señor Jesús nos enseña así:

> 6 Mas tú, cuando ores, entra en tu aposento, y cerrada la puerta, ora a tu Padre que está en secreto; y tu Padre que ve en lo secreto te recompensará en público.
> *(Mateo 6: 6).*

Audiblemente

Cuando oras a solas, tú hablas, Dios te oye, pero también tú te oyes, si lo haces en forma audible. Digo esto, porque a veces oramos en secreto o en silencio, aunque no sea audible nuestra voz. El salmista dejó escrito: *"De mañana oirás mi voz"* (Salmo 5: 3). También en otra ocasión: "*Señor, oye mi voz; Estén atentos tus oídos a la voz de mi súplica*" (Salmo 130:2). Y si lo haces para "dirigir" una oración en grupo o en la iglesia, con mayor razón, deberás hacerlo con voz moderadamente fuerte y clara, para que los que te oyen puedan ser edificados y puedan decir "amén" (1ª. Corintios 14:16).

Con Humildad

Con pureza de corazón; esto es también con sinceridad y transparencia, pues Dios es el único que escudriña los corazones. David se lo dejó bien claro a su hijo Salomón, heredero del trono de Israel:

"… porque Jehová escudriña los corazones de todos,
y entiende todo intento de los pensamientos."
1ª. Crónicas 28:9

David lo sabía perfectamente, y lo declaró en aquella ocasión en que fue movido al arrepentimiento:

"Los sacrificios de Dios son el espíritu quebrantado;
Al corazón contrito y humillado no despreciarás tú, oh Dios."
Salmo 51: 17

Con Clamor

Según el diccionario de la Lengua Española, *clamor es un grito o voz que se profiere con vigor y esfuerzo* (Salmos 28:1; 30:8, y muchas otras escrituras). También significa una *voz lastimosa que indica aflicción o pasión de* ánimo. Es la oración que está asociada a un dolor profundo en el alma, y es una de las formas más expresivas solicitando el auxilio divino. En el libro de los Salmos encontramos muchas expresiones haciendo referencia al clamor. Es como llevar nuestra oración al extremo. Es el grito desesperado que emerge de las profundidades del alma, y que traspasa los umbrales del tiempo y del espacio para llegar hasta la misma presencia de Dios.

He aquí que mis siervos cantarán por júbilo del corazón,
y vosotros clamaréis por el dolor del corazón,
y por el quebrantamiento de espíritu aullaréis.
Isaías 65:14

Clamaré al Dios Altísimo, Al Dios que me favorece.
Salmos 57:2

Desde el cabo de la tierra clamaré a ti, cuando mi corazón desmayare.
Salmos 61:2

Con Ruegos y Súplicas

Los ruegos y las súplicas no son otra cosa que la insistencia humilde de un corazón quebrantado, buscando el favor divino, en casos de grandes necesidades, no solo personales, sino también en ocasiones, de salvación nacional, como en muchos casos de la nación de Israel. También hay una riqueza literaria aludiendo a esta expresión en el libro de los Salmos. El escritor de Hebreos nos dice algo al respecto del mismo Jesús: "[7] *Y Cristo, en los días de su carne, ofreciendo ruegos y súplicas con gran clamor y lágrimas al que le podía librar de la muerte, fue oído a causa de su temor reverente*" (Hebr.5: 7).

Y Cristo, en los días de su carne, ofreciendo ruegos y súplicas con gran clamor y lágrimas al que le podía librar de la muerte, fue oído a causa de su temor reverente.
Hebreos 5:7

Con lágrimas

Estas vienen siendo la expresión corporal de los sentimientos y emociones del alma. Es una expresión generalizada en todo el género humano, sean o no cristianos. Con mucha frecuencia está vinculada con otras expresiones de carácter espiritual, como el quebrantamiento de corazón, el dolor por el sufrimiento, o por pérdidas irreparables. Sin embargo, en el acto sublime de la oración en el espíritu, cobran un valor indescriptible ante los ojos de Dios. En la Biblia encontramos declaraciones asombrosas respecto a las lágrimas, como lo dicho por el salmista David en relación a las persecuciones sufridas: "*Mis huidas tú has contado; Pon mis lágrimas en tu redoma; ¿No están ellas en tu libro?* (Salmo 56:8). Debo decir que las lágrimas no están identificadas solamente con el dolor. También lo están asociadas al amor, a la dicha y a la felicidad, sobre todo cuando se llega a la experiencia del amor divino.

Me he consumido a fuerza de gemir;
Todas las noches inundo de llanto mi lecho,
Riego mi cama con mis lágrimas.
Salmo 6:6

Mis huidas tú has contado; Pon mis lágrimas en tu redoma;
¿No están ellas en tu libro?
Salmos 56:8

Por lo cual yo como ceniza a manera de pan,
Y mi bebida mezclo con lágrimas,...
Salmos 102:9

Alzando las Manos

Otra de las expresiones corporales a que se hace también mención en las Sagradas Escrituras es la actitud de levantar las manos al cielo en señal de adoración a Dios. Viene siendo una expresión espontánea de adoración espiritual. En ocasiones es una motivación congregacional cuando cantamos adorando al Señor. No obstante, siempre será una expresión que nos conecta más profundamente con la presencia del señor. ¿Cuántas cosas podemos expresar a través de nuestras manos alzadas cuando oramos o cantamos al Señor? Cada quien puede dar testimonio de esta experiencia. (Éxodo 17:12).

Alzad vuestras manos al santuario, Y bendecid a Jehová.
Salmos 134:2

En Silencio

Cuando hemos agotado todas las formas de expresión inspiradas por el Espíritu Santo en la oración, y nuestro anhelo es continuar en la presencia del Señor, la única y mejor forma de hacerlo es en silencio, esperando solamente en Él, adorándolo en el silencio de nuestra alma. Para una mejor comprensión de esta modalidad, se estará explicando más adelante, en la parte número 7 de este estudio.

Mas Jehová está en su santo templo; calle delante de él toda la tierra.
Habacuc 2:20

Calle toda carne delante de Jehová;
porque él se ha levantado de su santa morada.
Zacarías 2:13

Dónde Debemos Orar

En el diálogo de Jesús con la mujer Samaritana, se habló de dos lugares de adoración: los samaritanos lo acostumbraban en "el monte de Samaria" –Monte Gerizim–, mientras que los judíos decían que en Jerusalén. En alusión a esto, la Samaritana es la primera en conocer la maravillosa noticia de que…

"23 la hora viene, y ahora es, cuando los verdaderos adoradores adorarán al Padre en espíritu y en verdad; porque también el Padre tales adoradores busca que le adoren. 24 Dios es Espíritu; y los que le adoran, en espíritu y en verdad es necesario que adoren."
(Juan 4:23, 24).

Con estas palabras Jesús declara que la adoración dejaría de tener lugar solamente en ciertos santuarios de carácter nacional, como los mencionados en este diálogo. De allí en adelante, comenzaría Dios a ser invocado y adorado en *"Jerusalén, en toda Judea, en Samaria, y hasta lo último de la tierra"* (Hechos 1:8). Y esto es aún más extensivo a cada nación, a cada ciudad, a cada pueblo o aldea, y aún más, a cada casa o lugar donde se invoque el nombre del Señor, es decir, en todo lugar y circunstancia: en el templo, en la casa, en el carro, en la calle, en la montaña, en la cárcel, en el trabajo, en la escuela, etc. etc.

Cuándo debemos Orar

Dijo el sabio que "todo tiene su tiempo." Y aun para buscar a Dios hay un tiempo específico en la vida de cada ser humano. Unos lo buscan, otros no. Pero Dios dice por medio de Isaías: *"6 Buscad a Jehová mientras puede ser hallado, llamadle en tanto que está cercano* (Isaías 55:6). El buscar a Dios –en oración– debe ser como el pan de cada día, sin el cual no podríamos subsistir. Y en ese día a día lo podemos invocar y tener breves episodios de comunión intermitente con el Señor, de modo que su presencia camine con cada uno de nosotros, en todo lugar. Agradeciendo cada día según sea el momento, a la hora de levantarnos, al acostarnos, a la hora de comer, de viajar, etc. Pablo recomienda: *18 Dad gracias en todo, porque esta es la voluntad de Dios para con vosotros en Cristo Jesús* (1ª. Tesalonicenses 5:18). Cuando estamos en enfermedad:

> 14 ¿Está alguno enfermo entre vosotros? Llame a los ancianos de la iglesia, y oren por él, ungiéndole con aceite en el nombre del Señor 15 Y la oración de fe salvará al enfermo, y el Señor lo levantará; y si hubiere cometido pecados, le serán perdonados.
> *(Santiago 5:14).*

Si estamos en crisis o en algún problema, con mayor razón: *"6 Por nada estéis afanosos, sino sean conocidas vuestras peticiones delante de Dios en toda oración y ruego, con acción de gracias* (Filipenses 4:6). Cuando se llegue el momento –mientras– en que

Dios puede ser hallado, seremos enseñados por nuestros pastores y líderes espirituales, y lograremos aprender a orar como Jesús enseñó: *"en todo tiempo y no desmayar"* (Lucas 18:1). Catorce años después que Jesús ascendió al cielo, Pablo mantenía viva la llama de la fe y también nos dejó la instrucción de *"Orad sin cesar"* (1 Tes. 5:17), de lo cual trataremos más detalladamente en uno de los capítulos siguientes.

En qué postura debemos Orar

Siguiendo el significado de la palabra adoración que es "postrarse," ha venido a ser la postura o forma más usada tradicionalmente en varias de las religiones históricas, principalmente las religiones abrahámicas: Judaísmo, Cristianismo e Islam. Así que postrarse significa doblarse de rodillas, en muchas ocasiones con el rostro pegado al suelo, en señal de completa humillación ante Dios. El Señor nos dice por el profeta Isaías:

> 23 Por mí mismo hice juramento, de mi boca salió palabra en justicia, y no será revocada: Que a mí se doblará toda rodilla, y jurará toda lengua.
> *(Isaías 45:23).*

Esta misma palabra está reiterada por el apóstol Pablo en su carta a los Filipenses:

> "9 Por lo cual Dios también le exaltó hasta lo sumo, y le dio un nombre que es sobre todo nombre, 10 para que en el nombre de Jesús se doble toda rodilla de los que están en los cielos, y en la tierra, y debajo de la tierra; 11 y toda lengua confiese que Jesucristo es el Señor, para gloria de Dios Padre.
> *(Filipenses 2:9-11).*

Más allá de su práctica y significado aceptado universalmente, la oración trasciende su versatilidad, adaptándose a cualquier circunstancia de la vida activa, pues a través de las Sagradas Escrituras vemos diferentes episodios en la vida de personajes prominentes que le han dado forma y sentido a nuestra herencia espiritual.

La postura tradicional y más aceptada es de rodillas. Sin embargo, nos podemos sentir en la libertad de adoptar otras posturas, dependiendo del lugar y circunstancias en que nos encontremos. Para mencionar algunas otras posturas para orar mencionaremos algunas que se encuentran en la Biblia:

De pie. Cuando Salomón consagró el templo de Jehová, se presentó ante el pueblo y los bendijo : [3] *Y volviendo el rey su rostro, bendijo a toda la congregación de Israel; y toda la congregación de Israel estaba en pie* (2a. Cron. 6: 3). También, al regreso de la cautividad en Babilonia, Esdras el sacerdote reunió al pueblo, sucedió lo siguiente : [3] *Y puestos de pie en su lugar, leyeron el libro de la ley de Jehová su Dios la cuarta parte del día, y la cuarta parte confesaron sus pecados y adoraron a Jehová su Dios. Neh. 9: 2* En la actualidad y a través del tiempo es una práctica común orar "de pie." Sobre todo en las congregaciones, las oraciones liúrgicas se hacen así.

Sentado. Esta es una modalidad alternativa, usada por las personas que pasan largas horas en comunión con Dios en oración. Una vez que han perseverado varias horas y sienten cierto cansancio, molestias y hasta entumecimiento en las rodillas, adoptan la postura de sentarse en una silla, banco o aun en el suelo.

Tirado en el suelo. Cuando el rey david perdió el bebé que tuvo con Batseba, se humilló delante de Dios en ayuno y oración, para procurar la misericordia de Jehová: *Entonces David rogó a Dios por el niño; y ayunó David, y entró, y pasó la noche acostado en tierra* (2ª. Samuel 12:16). También cuando David estaba en el desierto de Judá, dejó grabado el salmo 63 para la posteridad, en el cual dice: "*Cuando me acuerde de ti en mi* *lecho, Cuando medite en ti en las vigilias de la noche*" (Salmo 63:6). Hay enfermos a los cuales no podemos pedirles que se postren de rodillas, por la gravedad de su enfermedad que les obliga a permanecer en cama. No obstante, el Señor se complace en los que le buscan, aun en semejantes situaciones de incapacidad. Esta podría ser otra postura alternativa, para descansar un poco, cuando ya se ha cansado uno de estar postrado durante varias horas, como en el caso anterior.

La posición del cuerpo no importa, lo que importa es la postura o intención del corazón, pues eso es lo que Dios escudriña. Naturalmente, hay que tener presente, que tanto en el cielo como en la tierra, la adoración a Dios siempre será de rodillas, en completa rendición ante la majestad de Dios. Para muestra un botón:

> 9 Y siempre que aquellos seres vivientes dan gloria y honra y acción de gracias al que está sentado en el trono, al que vive por los siglos de los siglos, 10 los veinticuatro ancianos se postran delante del que está sentado en el trono, y adoran al que vive por los siglos de los siglos, y echan sus coronas delante del trono, diciendo: 11 Señor, digno eres de recibir la gloria y la honra y el poder; porque tú creaste todas las cosas, y por tu voluntad existen y fueron creadas.
> *Apocalipsis 4:9-11*

Reclamo de Amor

La pregunta forzada para todos los que creemos en la disciplina personal de la oración es esta: ¿Cuál es la razón tan poderosa que tiene más importancia en nuestra vida que adorar a nuestro Redentor en nuestra vida diaria? Cada uno tiene sus razones personales. ¿Cómo nos justificaremos delante de Él? Sin embargo, el esposo amado de la iglesia –Cristo Jesús– nos hace un reclamo personal de amor y de fidelidad, a través de las cartas dirigidas a las siete iglesias de Asia (Apocalipsis capítulos 2 y 3). La tipificación de las siete iglesias de Asia, bien podría ser la nuestra. A unos les habla de una forma y a otros de otra, pero siempre con su Espíritu de amor y de pertenencia, pues le pertenecemos. El mensaje del Señor es bien claro. Va dirigido a un "ministro" al cual el Señor le llama *"el ángel"* –mensajero, predicador, o pastor– de la iglesia en... Ese ministro o ángel bien podrías ser tú, o yo, o cualquiera de los que estamos ante una gran responsabilidad delante del Señor.

Si tienes oídos para oír (entender) la voz apacible del Espíritu Santo que te habla, óyelo con atención, todo lo que Él tiene para decirte. El Señor nos llama a una reconsideración de nuestro ministerio y de nuestras ocupaciones. Hay algo más importante que nuestro ministerio, el cual es, en sí mismo, una ocupación, y en el caso de muchos, una ocupación más. Lo más importante en la vida matrimonial no son las diversas ocupaciones –de la esposa como esposa–, más bien es el amor que se profesa uno al otro de los que se aman. La máxima expresión de ese amor va mucho más allá de las palabras de amor y del buen trato. Es el amor que se expresa "en la intimidad." Es la suprema expectativa de los que se aman. Ellos quisieran que esos momentos se volvieran eternos. Pongámonos en el papel de la esposa fiel y amante –de Cristo– y no nos preguntemos

¿En cuántas actividades necesito estar ocupado para ganarme su amor? o ¿cuántas palabras de cariño le decimos a nuestro amado esposo espiritual? Más bien debiéramos preguntarnos, cuánta intimidad pasamos y disfrutamos con Él "a solas." Por algo fue que Jesús le hizo un "reclamo de amor" a su iglesia en Éfeso: "*Sin embargo, hay algo que no me gusta de ti, y es que ya no me amas tanto como me amabas cuando te hiciste cristiano*" (Apoc. 2:4; LBLA). Si este fuera nuestro caso, el Señor no nos repudia como a una esposa fría, y nos olvida. Más bien, nos reconoce, nos amonesta, nos exhorta, nos previene y nos invita a reconsiderar nuestras actitudes hacia Él, y arrepentirnos, de lo que haya que arrepentirnos. Además de esto, nos hace saber las recompensas venideras si nos allegamos a Él en su amor restaurador y nos mantenemos en una actitud de victoria.

Hasta este punto he expuesto lo que ya más o menos conocemos acerca de la oración, porque la hemos practicado. Sin embargo, mucho de lo que nos falta es concentrar, optimizar e incrementar todo lo aprendido. La oración nos ha servido y nos ha transformado porque la oración en sí es transformadora. Por otro lado, entraremos en un estudio del camino que nos falta recorrer en lo que se refiere a la oración. Cabe preguntarnos: ¿Después de todo lo que sabemos acerca de la oración, que más hay? ¿Hay algo más? Cuando ya he cumplido con mis ejercicios espirituales ¿qué más podría yo hacer para seguir orando más intensamente? Si ya mi mente está saturada de tanto orar ¿qué más puedo yo hacer para continuar más amplia y profundamente en la presencia del Señor? La siguiente sección tratará sobre la guianza del Espíritu Santo para encontrar las respuestas a las preguntas anteriores, que te conducirán a una vida más profunda y plena en la presencia del Señor.

Capítulo 5
Cómo Comenzar a Orar

La disposición y la iniciativa son la parte decisiva para iniciar nuestra comunión con Dios. Como vimos en los párrafos anteriores, el modelo que Jesús nos enseñó literalmente, es la oración más conocida en el cristianismo tradicional con el nombre de "el Padre Nuestro" (Mt. 6:9-13). En los versos anteriores Jesús nos da algunos consejos pertinentes de cómo debemos y como no debemos orar. Y en los versos subsiguientes nos dice ciertas condiciones indispensables para que nuestra oración sea efectiva. Una sugerencia para comenzar a orar es que podríamos recitar el Padre Nuestro, en una forma tan sencilla como está escrita, siempre y cuando vayamos centrando nuestra atención en lo que estamos hablando. No es bueno hacer una cadena de repeticiones sin tomarle el verdadero sentido que Dios nos demanda. Esto sería como un punto de introducción.

Orar la Biblia

Una buena manera de comenzar nuestra oración, sería "Orar la Biblia." Esto significa que, escogiendo alguna porción de las Sagradas Escrituras, la leamos en voz audible lentamente, con el fin de ir comprendiendo lo que estamos leyendo. Hacerlo así, representa una fuente de inspiración para iniciar nuestro tiempo de oración. Aunque en la Biblia se hallan registradas muchas oraciones como las que a continuación se mencionan, no quiere decir que son para ser repetidas como una letanía o una vana repetición, sino como fuente de inspiración. De hecho el libro más inspiracional para iniciar un tiempo de oración es el libro de los Salmos.

El canto de liberación de Moisés:	Éxodo 15:1-18
El canto de alabanza de Ana:	1ª. Samuel 2:1-10
Canto de victoria de David:	2ª. Samuel 22; Salmo 18
Canción de amor de Salomón:	Cantares 2:10-15
Canción de alabanza de María:	San Lucas 1:46-55
Oración de acción de gracias de David:	2ª. Sam. 7:18-29; 1Crón. 17:16-27
Arrepentimiento de David:	Salmo 51
La oración de Esdras:	Esdras 9:6-15
La otra oración de Esdras:	Nehemías 9:2-37
La oración de Nehemías:	Nehemías 1:4-11
La Oración de Ezequías	Isaías 38:1-5
La oración de Daniel:	Daniel 9:3-19
La oración de Job:	Job 42:1-6
La oración de Jonás:	Jonás 2:1-9
El Padre Nuestro:	San Mateo 6:9-13
La oración de los discípulos:	Hechos 4:24-31
La oración de los querubines:	Isaías 6:3

Breves Oraciones de Clamor

- **Bartimeo el ciego**, oyendo que Jesús el Nazareno pasaba por ahí comenzó a clamar: !Jesús, Hijo de David, ten misericordia de mí! Marcos 10:47.
- **Un grupo de 10 leprosos** sorprendieron a Jesús con su ruego, "... alzaron la voz, diciendo: !Jesús, Maestro, ten misericordia de nosotros! Luc. 17:11-19
- **La oración del publicano** cuan corta fue: ¡Ten misericordia de mí, pecador! Lc. 18:9-14
- **La mujer sirofenicia** hizo una oración muy corta: «¡Señor, ayúdame!». Fue al blanco directamente, y consiguió lo que quería. Marcos 7:26
- **La oración del ladrón en la cruz** fue muy corta: ¡Acuérdate de mí cuando vinieres en tu reino! Lucas 23:42

- **La oración de Pedro** fue: ¡Señor, sálvame que perezco! Mateo 14:28-33
- **La Oración del Señor**. Yo creo que la oración del Señor, propiamente, es la del capítulo 17 de Juan. Ésta es la oración más larga de Jesús de la que tenemos registro. Uno puede leerla lentamente y con cuidado en unos 4 o 5 minutos.

Aquí podemos aprender una lección. Las oraciones del Maestro eran cortas cuando las ofrecía en público; cuando estaba a solas con Dios ya era otra cosa, y podía pasar toda una noche en comunión con su Padre. Por lo general, los que pasan más tiempo en su cuarto en oración privada hacen oraciones cortas en público. Las oraciones largas en general cansan a los demás. De modo que podemos hojear las Escrituras y hallaremos que las oraciones que trajeron respuestas inmediatas fueron generalmente breves. ¡Que nuestras oraciones vayan al grano, diciéndole a Dios lo que queremos! En la oración de nuestro Señor, en Juan 17, hallamos que hizo siete requerimientos: uno para Él mismo, cuatro para los discípulos que le rodeaban, y dos para los discípulos de épocas subsiguientes. Seis veces en esta oración repite que Dios le ha enviado. Él quería que supieran que Dios le había enviado. Habló del mundo nueve veces, y hace mención de sus discípulos y de los que creen en Él cincuenta veces.

- **La última oración de Cristo** en la cruz fue corta: «Padre, perdónalos porque no saben lo que hacen». Creo que esta oración fue contestada, porque allí mismo, ante la cruz, se convirtió un centurión romano. Era, probablemente, como respuesta a la oración del Salvador. La conversión del ladrón, creo, fue en respuesta a la oración de nuestro bendito Salvador.
- **Saulo de Tarso** oyó, sin duda, la oración de Esteban pidiendo misericordia por los que le apedreaban. Las palabras que oyó, tan parecidas a las de Jesucristo en la cruz, puede

que le siguieran hasta el camino de Damasco, donde el Señor se le apareció.

Una cosa sabemos: en el día de Pentecostés algunos de los enemigos del Señor fueron convertidos. Sin duda, fue como respuesta a la oración: «Padre, perdónalos.»

Estas y múltiples oraciones más las encontramos en toda la Biblia, dirigidas por diferentes personajes, las cuales en su gran mayoría fueron contestadas.

La mayoría de los Salmos de David son inspiracionales, algunos de acción de gracias, otros de lamento, otros de peticiones, otros de alabanza. Por tal razón, son muy recomendables para leerlos con toda tranquilidad, en la búsqueda del ingrediente sustantivo de la oración que es, la inspiración del Espíritu Santo. Después de leer la lectura de introducción, podemos continuar nuestra oración bajo la dirección del Señor.

¿Oye Dios todas las Oraciones?

Tenemos el entendimiento de que Dios siempre oye nuestras oraciones, y no estamos equivocados, siempre las oye, porque Él es omnisciente, todo lo oye, todo lo sabe, todo lo entiende. Pero hay un pequeño detalle que no hemos comprendido cabalmente, y es que en su soberanía Dios puede decidir qué contesta y qué no contesta. Sin miedo a equivocación, se podría decir que este asunto es uno de los más que provoca duda y falta de fe en la comunidad cristiana. ¿Dios me oye? ¿Por qué Dios no me escucha? ¿Por qué Dios no contestó mi oración? ¿Dónde estaba Dios cuando le pedía durante este tiempo difícil? ¿Por qué Dios dejó que muriera mi ser querido? Es probable que lo que pensamos sobre estas interrogantes no es necesariamente lo más correcto.

Hay muchas personas que sencillamente dejan de creer en Dios porque oraron y Dios no contestó: oraron para que sanase a alguien de la familia o ellos mismos – y recibieron silencio. Tiene sentido, ¿no? Después de todo, la Biblia dice que todo lo que se pida en el nombre de Jesús se nos va a dar (Juan 14:13), ¿verdad? Pues, no exactamente.

Oraciones No Contestadas

La realidad es que la Biblia misma nos describe historias de peticiones sin contestar, y no solo de peticiones sino de situaciones en que aún el pueblo de Dios se encontraban en situaciones en que se debatían en perder sus privilegios y su libertad. Naturalmente, que cuando Dios decide no contestar alguna oración, es debido a que existen de por medio situaciones que no compaginan con la voluntad de Dios. En otros casos por situaciones que tienen que ver con la soberanía de Dios.

A continuación veremos algunos casos, diferentes unos de otros, y no podemos acusar de que todos los casos se deben a que estamos en pecado. La soberanía de Dios va mucho más allá de nuestras especulaciones. Así como encontramos que hay oraciones que Dios decide no contestar, así también encontramos las causas por las que Dios no contestó, pues Dios siempre actúa con justicia.

Por ejemplo, Pablo le pidió a la iglesia en Roma que orasen para que Dios lo librase de "los rebeldes de Judea" (Romanos 15:31). ¿Qué sucedió? Dios no lo libró, ni escuchó las oraciones de los hermanos de la iglesia. Es más, llegó hasta Jerusalén donde eventualmente fue martirizado. No hubo ahí una razón de pecado. Todo es atribuible a la soberanía de Dios.

Otro caso es cuando el rey David oró y ayunó por siete días por el bebé que nació de su relación ilícita con Betsabé, y al cabo de los siete días el bebé murió. Dios no respondió. ¿Por qué? Porque desagradó a Dios todo lo que comenzó en un momento de ociosidad con la esposa de uno de sus mejores guerreros, Urías Heteo (2ª Reyes 15-20). Aquí la causalidad fue por razones de pecado, en que David *"tuvo en poco la palabra de Jehová, haciendo lo malo delante de sus ojos. A Urías heteo mató a espada, y tomó por mujer a su mujer, y a él lo mató con la espada de los hijos de Amón"* (2ª Samuel 12:9).

Otro caso muy patético es el del rey Saul, cuando consultó a Dios... *"pero Jehová no le respondió ni por sueños, ni por Urim, ni por profetas"* (1ª Samuel 28:6), en otras palabras, de ninguna manera. Otra vez nos preguntamos ¿Por qué? Por su desobediencia a Dios en el caso de Amalec (1ª Samuel 28:18). Desde ese día ya Dios no respondió a sus oraciones. La respuesta la hallamos en las mismas Escrituras.

¿Será posible que los hijos de Dios puedan ser susceptibles de enfermarse, desalentarse, desmayar, sufrir, y morir como mueren los impíos? Ciertamente, podemos ver la soberanía de Dios en el dramático caso de la vida de *"un varón llamado Job; y era este hombre perfecto y recto, temeroso de Dios y apartado del mal* (Job 1:1). ¿Había él dado lugar al pecado? ¡No! Era un hombre íntegro, perfecto, recto y temeroso de Dios, sin embargo, solo por la soberanía de Dios, es que el enemigo tuvo la ocasión de tentarlo. Es una gran lección para la prueba de nuestra fe (1ª Pedro 1:6, 7; 4:12). Dios no está ajeno a las pruebas de nuestra vida, por terribles que sean. En todas ellas Dios tiene propósitos para nuestra vida. Nada es por casualidad. Es por que en su perfecta voluntad y su soberanía Dios siempre será exaltado, aún en la muerte de los que le buscan (Salmo 116:15).

Debemos tener presentes varias consideraciones que Dios nos da a través de su Palabra. Estas solo son unos cuantos ejemplos de dichas enseñanzas, las cuales son directrices que nos orientan en cuanto a los requerimientos ideales para acercarnos al trono de la gracia. Por ejemplo:

Porque el que se enaltece será humillado, y el que se humilla será
enaltecido.
Mateo 23:12

3 Pedís, y no recibís, porque pedís mal, para gastar en vuestros
deleites. 6 Pero él da mayor gracia. Por esto dice: Dios resiste a los
soberbios, y da gracia a los humildes. 7 Someteos, pues, a Dios;
resistid al diablo, y huirá de vosotros. 8 Acercaos a Dios, y él se
acercará a vosotros. Pecadores, limpiad las manos; y vosotros los de
doble ánimo, purificad vuestros corazones. 9 Afligíos, y lamentad, y
llorad. Vuestra risa se convierta en lloro, y vuestro gozo en tristeza.
10 Humillaos delante del Señor, y él os exaltará.
Santiago 4:3, 6-10

4 Si se humillare mi pueblo, sobre el cual mi nombre es invocado,
y oraren, y buscaren mi rostro, y se convirtieren de sus malos
caminos; entonces yo oiré desde los cielos, y perdonaré sus pecados,
y sanaré su tierra.
2ª Crónicas 7:14

14 Porque si perdonáis a los hombres sus ofensas, os perdonará
también a vosotros vuestro Padre celestial; 15 mas si no perdonáis
a los hombres sus ofensas, tampoco vuestro Padre os perdonará
vuestras ofensas.
Mateo 6:14, 15

7 Pedid, y se os dará; buscad, y hallaréis; llamad, y se os abrirá. 8
Porque todo aquel que pide, recibe; y el que busca, halla; y al que
llama, se le abrirá. 9 ¿Qué hombre hay de vosotros, que si su hijo
le pide pan, le dará una piedra? 10 ¿O si le pide un pescado, le dará
una serpiente? 11 Pues si vosotros, siendo malos, sabéis dar buenas
dádivas a vuestros hijos, ¿cuánto más vuestro Padre que está en los
cielos dará buenas cosas a los que le pidan?
Mateo 7:7-11

Es sencillo de entender: Tenemos que aprender estos principios para ajustarnos a la perfecta voluntad de Dios y entender que Dios oirá y responderá a nuestras oraciones en la medida de nuestra fe y nuestra obediencia. Lo que pides en oración tiene que ser pedido a base de lo que está de acuerdo con las Sagradas Escrituras, que son la expresión de su perfecta voluntad y de su soberanía. Por lo tanto, no podemos decir "Dios quiero tal cosa, en el nombre de Jesús" y ya, como por arte de magia esperamos que Dios conteste. Hay ciertas condiciones que tienen que estar presentes para que nuestras oraciones sean cumplidas. Y aun así, a pesar de todos los razonamientos que podamos tener para entender por qué a veces Dios no contesta a ciertas oraciones, es sencillamente a causa de que Él es soberano.

¿Qué Estorba Nuestras Oraciones?

Hay algunas cosas que hacen que nuestras oraciones sean inefectivas: quizás la más común de todas es el pecado en nuestras vidas (Salmo 66:18). Este es el obstáculo más básico y perseverante de nuestras vidas. El pecado nos aleja de Dios. Isaías 59:2 dice que nuestros "pecados han hecho que oculte de vosotros su rostro para no oírnos." La persona que vive en pecado o tiene pecados ocultos (Salmo 19:12) puede tener la certeza de que Dios no escuchará su petición (Juan 9:31) aunque muchas veces no están conscientes de ello. Sin embargo, Dios se acerca a aquellos que se acercan a Él (Santiago 4:8) con corazones contritos y humillados (Salmos 34:18; 51:17).

Motivaciones Incorrectas

Pedís, y no recibís, porque pedís mal, para gastar en vuestros deleites.
Santiago 4:3

Esta es la razón primordial de las oraciones no contestadas entre los Cristianos. Piden oración con motivaciones incorrectas: egoístas u orgullosas. Ejemplo: Había una iglesia en la que estaban orando por cinco personas ancianas en estado terminal para que el Señor las sanara, mientras que el dueño de una funeraria le estaba pidiendo al Señor que bendijera y prosperara su negocio. La iglesia oraba por una situación que en la vida ya no tiene remedio, pues se trataba de enfermos ancianos ya casi para morir. La vida llega a su fin, pero la iglesia no hacía consciencia de ello. Mientras que el hermano de la funeraria le estaba pidiendo algo que trajera bendición y prosperidad a su negocio, y eso significaba vender más ataúdes. ¿A quién de los dos le prestaría el Señor mayor atención? Si le contestaba a los hermanos, el dueño de la funeraria no iba a prosperar; y si le contestaba al hermano de la funeraria, los hermanitos se iban a morir.

Hay personas que piensan de Dios como si fuese una nevera: voy, saco lo que quiero, y me retiro hasta la próxima vez que quiera algo – sin tener necesidad de una relación con Él. Muchas veces este es el problema. Oramos para que sane o no se muera nuestra abuelita (o mamá o hermano o perrito), pero, ¿con qué motivación lo pedimos? ¿Para que nosotros podamos estar con ella más tiempo? ¿Porque nosotros no la queremos extrañar? ¿Porque es a nosotros a quién le va a doler? Nuestra motivación es egoísta, como suele suceder, y culpamos a Dios por ser "malo" y no escucharnos.

Nuestra motivación en la oración debe ser pedir las cosas de Dios no para que nuestras necesidades se suplan, sino para que Dios sea glorificado. Recordemos que muchos de los mártires del cristianismo ofrendaron sus vidas "para la Gloria de Dios." Sencillamente, no se trata de nosotros, sino de Dios. La respuesta que debemos buscar no deben ser en función de nuestro yo, sino de su perfecta voluntad, la cual nos dará perfecta paz. Las palabras "en el nombre de Jesús" implican "en representación de Jesús." La oración efectiva es cuando oramos por lo que Él quiere.

Falta de Fe
(Santiago 1:6-8)

Por alguna razón, la gente piensa que "tener fe" es sinónimo de "desear con todo el corazón," pero no es así. Fe es tener la certeza de lo que sabemos que es cierto. Abraham, por ejemplo, estaba dispuesto a ofrecer a su hijo Isaac porque Abraham sabía que Dios le había llamado promesa en Isaac. Por esta razón, Abraham confió (tuvo fe) que Dios iba a resucitar a Isaac. (Hebreos 11:17-19). En otras palabras, a base del conocimiento de la promesa de Dios, Abraham, confió (tuvo fe) de que Dios lo iba a resucitar. Muchas veces queremos tener Fe sin saber lo que Dios ha prometido. Esto es fe ciega, sin prueba ni fundamento. Esta fe no es bíblica.

Falta de Compromiso

¿Recuerdas a Ana, que oraba en el templo pidiendo un hijo? (1 Samuel 1) ¡Ella estaba tan comprometida con su oración que el sacerdote Elí pensó que estaba borracha! (versículo 11). Esta pasión se pierde cuando oramos por orar o por obligación. Se pierde el propósito de la comunicación con Dios cuando perdemos el deseo de estar con Él.

"Este Pueblo de sus labios me honra; más su corazón está lejos de mí."
Mateo 15:8

Falta de Perseverancia

Jesús planteó una parábola sobre la necesidad de orar "siempre y no desmayar" (Lucas 18:1-7; Lucas 11:5-8) Con cierta frecuencia tenemos necesidades fuertes, pero a medida que pasan los días se nos empiezan a olvidar, y muy casualmente nos volvemos a acordar de ellas. Realmente nos acostumbramos a vivir con nuestras cargas. ¿Has escuchado la frase: "entrégaselo a Dios y confía." En la parábola de Jesús de Lucas 18 de "orar en todo tiempo y no desmayar," hace referencia a la necesidad de una mujer impertinente, que a causa de su insistencia fue atendida. No podemos orar una vez y ya. No te rindas pronto en tus oraciones por algo. Demuéstrale a Dios que vas en serio. *Los que claman a Él "día y noche" recibirán de Su justicia* (Lucas 18:7).

Es sólo cuando comprendemos y corregimos nuestras faltas e inconsistencias en nuestra vida de oración, que el Señor se complacerá en responder a nuestras peticiones, sobre todo si lo que pedimos lo hacemos en el nombre de Jesús. Por lo tanto, no podemos culpar a Dios de sordo o apático, sino que estemos seguros de que hemos pedido como conviene, pues Él mismo está dispuesto a interceder por nosotros, pues Pablo nos lo afirma:

> 26Y de igual manera el Espíritu nos ayuda en nuestra debilidad; pues qué hemos de pedir como conviene, no lo sabemos, pero el Espíritu mismo intercede por nosotros con gemidos indecibles. 27Mas el que escudriña los corazones sabe cuál es la intención del Espíritu, porque conforme a la voluntad de Dios intercede por los santos.
>
> *Romanos 8:26, 27*

Examinemos pues, nuestros corazones: ¿Cuál es el motivo de la oración? ¿Cuidamos nuestras palabras ante la presencia de Dios? ¿Hay pecado? ¿Hemos perdonado? ¿No guardamos rencor a nadie? ¿No hemos ofendido a nadie? ¿Somo fieles en todo? ¿Cómo se glorificará Dios a través de ello? Cuando oramos en conformidad con su voluntad, ¡no hay petición que no sea contestada!

Capítulo 6
Mitos y Prejuicios
Acerca de la Oración

Mitos Acerca de la Oración

Desecha las fábulas profanas y de viejas.
Ejercítate para la piedad.
1ª. Timoteo 4:7
San Pablo

Un mito se puede describir como una falsa creencia de las cosas que percibimos, y las aceptamos como algo normal. Son ideas equivocadas respecto a la realidad, producto de la imaginación. Por lo tanto, en relación con la práctica de la oración, existen tantos mitos, como excusas la gente suele poner de por medio, lo cual los priva de una comunión saludable con el Señor. Ejemplos:

- No hay que ser tan exagerados.
- No hay necesidad de orar. Ya Dios lo sabe todo.
- No es necesario orar para salvarse. Basta su gracia.
- Con solo creer que Cristo salva, no hace falta orar.
- Siempre que oro, bien pronto se me acaban las peticiones.
- Solo el pastor y los líderes deben orar.
- Dios no me escucha, por eso pido que otros oren por mí.
- Solo en la iglesia podemos orar.
- **A veces quiero hacer oración y no se me ocurre nada.**

- No tengo tiempo para orar.
- Hay que aprenderse de memoria las oraciones y repetirlas.
- Las oraciones cuanto más largas son más poderosas.
- Dios no oye las oraciones en voz baja.
- Los que oran en silencio no oran.
- La oración es para los viejos.
- La oración solo es para pedir cosas.
- Eso solo fue para los antiguos.
- La oración es solo para la gente buena.
- Solo es para los santos.
- Solo los religiosos oran mucho.
- La oración es ...bla, bla, bla, etc. etc. etc.

Definición de Prejuicio

La palabra proviene del latín *praeiudicium*. Un prejuicio es una opinión, por lo general de índole negativa, que nos hemos formado sobre algo o alguien de manera anticipada y sin el debido conocimiento, sin fundamentos. En este sentido, el prejuicio es la acción y efecto de prejuzgar. Prejuzgar, como tal, significa juzgar las cosas antes del tiempo oportuno o de que sucedan.

Los prejuicios implican actitudes suspicaces u hostiles hacia una persona que es parte de un grupo (social, económico, racial, étnico, etc.), y a quien se le atribuyen las mismas cualidades negativas que se le achacan al grupo por el simple hecho de pertenecer a él. Lo mismo sucede con los grupos de creyentes en el mundo entero. Establecen sus estándares de espiritualidad y con esa regla o criterio miden a todos los demás que no forman parte de su doctrina o corriente teológica (católica, carismática, pentecostal, neopentecostal, tradicional, histórica, etc., o de sus formas de expresar su adoración a Dios.

Anacronismo

Hay ciertas personas dentro del cristianismo moderno, que justifican su falta de espiritualidad, atendiendo al argumento de que, los tiempos en que los hombres de Dios eran verdaderos hombres de oración, gigantes de la fe, ya pasaron a la historia y que muchos de los dones han cesado o dejado de manifestarse.[9] Los oímos decir: Ya "vivimos en otros tiempos," "eso fue para los profetas del Antiguo Testamento;" eso fue para los apóstoles," etc. La verdad es que a la luz de las Sagradas Escrituras, el diseño de la vida espiritual fue establecido por Dios para todas las épocas. La vida espiritual no tiene modas, ni oleadas de nuevos estilos. Los hombres y mujeres que han dejado alguna contribución espiritual a la historia del Cristianismo, fue porque la forjaron sobre sus rodillas. No tenían excusas premeditadas. Tenían razones de peso para doblar las rodillas de día y de noche incesantemente. Fueron ellos los verdaderos adoradores, maestros y doctores de las "ciencias del espíritu." Es enorme la lista de las motivaciones que tenían:

> [34] apagaron fuegos impetuosos, evitaron filo de espada, sacaron fuerzas de debilidad, se hicieron fuertes en batallas, pusieron en fuga ejércitos extranjeros. [35] Las mujeres recibieron sus muertos mediante resurrección; mas otros fueron atormentados, no aceptando el rescate, a fin de obtener mejor resurrección. [36] Otros experimentaron vituperios y azotes, y a más de esto prisiones y cárceles. [37] Fueron apedreados, aserrados, puestos a prueba, muertos a filo de espada; anduvieron de acá para allá cubiertos de pieles de ovejas y de cabras, pobres, angustiados, maltratados; [38] de los cuales el mundo no era digno; errando por los desiertos, por los montes, por las cuevas y por las cavernas de la tierra. [39] Y todos éstos, aunque alcanzaron buen testimonio mediante la fe, no recibieron lo prometido
>
> *(Hebreos 11:34-39)*

9 https://www.gotquestions.org/Espanol/Cesasionismo.html

La pregunta de rigor es esta: ¿Cuáles son nuestras excusas, pretextos y justificaciones, para desatender la más importante disciplina del alma y el espíritu, que es el ejercicio de la oración? ¿Y qué decir de la forma enseñada por el Señor Jesucristo? La "lista negra" de nuestras argumentaciones superaría con creces a la lista anterior de las motivaciones, que llevaron a los profetas, apóstoles y discípulos de Dios en general, de todos los tiempos, a vivir intensamente "en la presencia y la comunión" del Omnipotente. Si no lo hubieran hecho, el Evangelio no habría llegado hasta nuestros días. *Jesucristo sigue siendo el mismo ayer, y hoy, y por los siglos* (Hebreos 13:8). Dios no cambia ni hay sombra de variación en Él (Santiago 1:17). Los métodos de Dios nunca cambian; Él le llama "mis caminos," y si algo hace Dios con los que lo aman y se gozan en su presencia es *"perfeccionarlos hasta el día de Jesucristo* (Filipenses 1:6).

La Oración como Castigo

Antigua y contemporáneamente, cuando el pecador se presentaba a confesar su pecado, el confesor le imponía una "pena o penitencia" para el perdón de sus pecados. Las penitencias o "castigos" más comunes que se imponían eran los que relacionaban con la oración, imponiéndole que se fuera al altar a "rezar" cierto número de "padres nuestros," "aves marías," la del "yo pecador" u otro tipo de oraciones, y en algunos casos dirigidas a ciertos santos, vírgenes o patronos. Había también otro tipo de penas, pero estas eran las más comunes. Por esta razón, quedó grabada en la consciencia y en la inconsciencia de la gente, que orar representaba un castigo. Así es como llegamos a Cristo, y por lo menos, inconscientemente el llamado a la oración tiene muy poca respuesta, y hasta cierto punto, un rechazo.

La Oración como Sacrificio

Casi muy frecuentemente, a la oración también se le considera, aparte de representar un castigo, representa también "un sacrificio" o un esfuerzo de carácter físico, por el tiempo que se tiene que perdurar de rodillas, de modo que pueden aparecer dolores y cansancio en las rodillas, en las piernas o pantorrillas, en la cintura o en la espalda. Este aspecto de la oración también es un prejuicio ante el cual existe cierto rechazo inconsciente al ejercicio de la oración.

Para superar los dos anteriores prejuicios, es cosa muy fácil, si entendemos que la oración es un placer y una delicia, al poder comunicarnos con el ser más amado de los ángeles y de nuestras almas, tanto en la tierra como en el cielo. Cualquier esfuerzo que fuera necesario realizar resultaría insignificante, con tal de estar en íntima comunión con *"aquel que ama mi alma* (Cantares 1:7; 3:1-4).

Descalificación

Aunque ya antes de Martín Lutero (1483-1546) hubo intentos aislados de romper con los esquemas medievales de espiritualidad. Por lo menos, a partir de la Reforma Protestante del Siglo XVI se lucha por establecer nuevos criterios teológicos fundamentados en la "Sola Escritura," esto es, en la Biblia como la Palabra de Dios.

Como consecuencia de tal reformación surgen nuevas formas de espiritualidad, expresadas a través de los diferentes grupos o escuelas de pensamiento cristiano que se abren paso hasta nuestros días, con sus propias características de espiritualidad.

En el proceso de cambio que cada grupo desarrolla encuentran un nuevo aire, un nuevo respiro, una nueva expresión. Cada grupo intenta identificarse de la mejor manera posible y con una buena conciencia, con el legado histórico que los Apóstoles nos dejaron como herencia, es decir, basándose en los registros históricos provenientes de los Evangelios, los Hechos de los Apóstoles y las diferentes Epístolas, así como de otros libros posteriores con referencias históricas que corroboran la autenticidad de los primeros.

No obstante, todas las buenas intenciones de volver a los principios (del Evangelio), tomaron como premisa fundamental "diferenciarse de la religión tradicional" (católica) en todos los aspectos. Este criterio naturalmente, pasó a ser un prejuicio arraigado en la mentalidad de los grupos cristianos. El consejo de la palabra de Dios está relacionado con el hecho del juicio que hacemos a los demás:

> No se conviertan en jueces de los demás, y así Dios no los juzgará a ustedes. Si son muy duros para juzgar a otras personas, Dios será igualmente duro con ustedes. Él los tratará como ustedes traten a los demás.
>
> *Mateo 7:1, 2 TLA*

Tenemos la necesidad de entender nuestra historia, la historia del cristianismo, sea cual sea nuestra organización, si es que nos consideramos ser parte activa del cristianismo de nuestros días. Esto es, de dónde vinimos, dónde comenzamos, quienes continuaron, qué, cómo y cuándo han sucedido cosas, avances o retrocesos y donde nos encontramos en este preciso momento. Quienes han sido los grandes exponentes del cristianismo del cual hoy somos parte, y quiénes los grandes heresiarcas de la historia y de la modernidad, etc. No podemos ponernos al margen de la historia del cristianismo, porque esa es nuestra historia, y si Dios nos da discernimiento, podremos reconocer las cosas buenas que se han dado en algún momento de la historia cristiana, que han de servir para nuestro ejemplo, de las cuales dijo Pablo:

"Escudriñadlo todo, y retened lo bueno."
1ª. Tesalonicenses 5:21

A través de la historia del cristianismo, sobre todo en los primeros cuatro siglos, han sucedido cosas magníficas de las cuáles podemos aprender mucho para el desarrollo y el crecimiento de nuestra fe y espiritualidad. No podemos ponerle a todas las cosas que sucedieron en el pasado una "etiqueta" de "prohibido tocar," o de "prohibido leer," o de "herejía" o de "producto anatematizado." Tenemos que analizarlas a la luz de la Biblia, que es la Palabra de Dios, bajo la dependencia total del Espíritu Santo, que es el que nos ha de enseñar –revelar– todas las cosas (Juan 14:26).

Tenemos el principio bíblico que Pablo nos menciona:

4 Porque las cosas que se escribieron antes, para nuestra enseñanza se escribieron, a fin de que, por la paciencia y la consolación de las Escrituras, tengamos esperanza.
Romanos 15:4

Lo anterior lo digo, porque dentro del contexto histórico de los primeros siglos se dieron muchas grandes y tremendas aportaciones que formaron parte del nacimiento, apología (defensa de la fe), y consolidación de la teología cristiana que ha perdurado aun con el paso de los siglos. Cabe mencionar que en muchos de los seminarios teológicos contemporáneos se incluyen los estudios de escritores como Orígenes, Agustín de Hipona, padres apostólicos, apologistas diversos, etc.

En relación con el Nombre de la Iglesia

De acuerdo con las epístolas del apóstol Pablo, el nombre que se le daba a las iglesias era el de la "iglesia de Dios." Es así que él manda cartas a las iglesias de su puño y letra y las menciona como destinatarias:

- "A la iglesia de Dios que está en Corinto…" 1ª. Corintios 1:2
- "…nosotros no tenemos tal costumbre, ni las iglesias de Dios 1 Corintios 11:16
- "Las iglesias de Dios en Cristo Jesús que están en Judea…" 1 Tes. 2:14
- "…nos gloriamos de vosotros en las iglesias de Dios…" 2ª. Tes. 1:4

No haré una apología del nombre de la iglesia primitiva, ni de ninguna otra, pero por lo que sabemos, dicha iglesia no tenía un "número de registro" oficial ante el gobierno romano, ni se sabe de que haya existido algún documento que la haya acreditado con algún nombre en particular, excepto las epístolas de Pablo que todos conocemos. Más bien, el gobierno romano y los judíos se referían a ellos como "una secta." Tampoco, durante muchos años después de la ascensión de Cristo, se identificaban entre las muchas congregaciones, como una corporación o institución como las que existen en la actualidad. Se identificaban como "discípulos de Cristo" o más genéricamente como "cristianos." Lo que sabemos, lo sabemos por algunas referencias en las epístolas paulinas, aunque también se refería a ellas como "a los santos o a los santificados de tal o cual ciudad."

No obstante, a causa de las condiciones sociopolíticas que rodearon a los escenarios de los cristianos de la era apostólica, las iglesias se vieron en la imperiosa necesidad de acuñar un nombre específico, que es y ha sido conocido de todos nosotros. Fueron años de gestación y todo un proceso en desarrollo. Me refiero al nombre de la "Iglesia Católica Apostólica Romana." Pero, ¿en qué momento de la historia de los primeros siglos sucedió esto, y por qué razones? ¿Fue bueno, malo, una necesidad o conveniencia?

Varios factores influyeron sobre la iglesia en las inmediaciones del siglo II dC, como las persecuciones por parte del imperio romano. Grupos pseudo-cristianos como los gnósticos, los marcionistas, los docetistas y otros, estaban en franca competencia con las auténticas iglesias cristianas que conservaban la doctrina heredada de los apóstoles. Por tal razón tuvieron que definir el canon de escrituras, que deberían convertirse en el componente doctrinal que fuera la base de sus enseñanzas. También se vieron en la necesidad de adoptar un credo –declaración formal de creencias– que les diera identidad frente a esas falsas corrientes. La sucesión apostólica fue otro asunto bien importante que coadyuvó a la formación de una identidad que definiera la corriente auténtica a la que pertenecían. El prolijo historiador y teólogo contemporáneo de nuestros días, Justo L. González, nos lo explica de la siguiente manera:

> La palabra "católica" quiere decir "universal"; pero también quiere decir "según el todo". En ambos sentidos, frente a los herejes, la iglesia del siglo segundo comenzó a darse el título de "católica". Lo que esto quería decir era, en primer lugar, que se trataba de la iglesia universal. No era como en el caso de los gnósticos, algún pequeño grupo surgido en Roma o en Alejandría, que se limitaba a unos pocos lugares. Era la iglesia que existía tanto en Roma como en Alejandría, Antioquía, Cartago, y aun allende los confines del Imperio. Y, en lo esencial de su doctrina, esa iglesia concordaba. Por otra parte, esa iglesia era también "católica" por cuanto predicaba y enseñaba el evangelio "según el todo".[10]

Por lo tanto, tenemos que reconocer que la autenticidad de las iglesias de Dios se preservó a través de los primeros siglos –con ese nombre–. Que fue un proceso de muchos años que se llevó la consolidación de la teología cristiana, su corpus de creencias, que su identidad corporativa fue parte de este proceso, y que en esos primeros siglos de adolescencia y juventud –de la iglesia– se forjaron los estándares de la doctrina cristiana, que

10 González, Justo L., Historia del Cristianismo, Tomo I, (1994, Editorial Unilit, Miami, FL U.S.A.) p.85.

se ha mantenido sólida y firme contra viento y marea a través de los siglos, hasta llegar a nuestro tiempo presente.

Con todo lo anterior, quiero significar que tenemos que considerar lo sucedido durante los primeros siglos, tomar muy en cuenta todas las cosas buenas y excelentes que se dieron durante este periodo de consolidación de la iglesia de Jesucristo, y quitarnos de encima ciertos prejuicios para descalificar o hasta satanizar cualquier escrito que se haya dado a partir de que la iglesia adoptó el nombre que ha portado hasta nuestros días.

En Relación con la Santidad de la Iglesia de los Primeros Siglos

Lo mismo que he descrito en el comentario anterior se aplica a la santidad o espiritualidad que guardó la iglesia durante muchos siglos. El desgaste o la pérdida de la verdadera espiritualidad de la iglesia temprana también sufrió un proceso paulatino de varios siglos, de lo cual debemos comprender que, el hecho de referencia al nombre mencionado anteriormente, no quiere decir que la iglesia perdió su santidad desde el momento en que se identifica con otro nombre diferente a la iglesia de Dios. De hecho, la espiritualidad se conservó pura, madura, intacta y perfeccionada, pero desafortunadamente llegó un tiempo de oscurantismo en que ha prevalecido únicamente en hombres solitarios, místicos, ascetas, o en comunidades muy aisladas, aunque en el mejor de los casos, en los libros, que son los que nos dan testimonio de estos modelos de comunión con Dios.

En Relación con la Sucesión Apostólica

Desde los primeros siglos de la era cristiana, los Padres de la Iglesia, sobre todo los apologistas, hicieron un marcado énfasis en el principio de la sucesión apostólica, como demostración de la legitimidad y autoridad de la Iglesia ante las sectas cismáticas emergentes.

Este periodo de la historia es bien interesante, debido a que, conforme fueron muriendo los apóstoles dejaron muchos discípulos que se llegaron a convertir en obispos, a los cuales conocemos históricamente como "los padres apostólicos". Cotelier consideraba tales a Bernabé, Clemente de Roma –que según el testimonio de Ireneo de Lyon efectivamente fue discípulo de los apóstoles Pedro y Pablo–, Ignacio de Antioquía, Policarpo de Esmirna –que según Ireneo fue discípulo del apóstol Juan– y Hermas de Roma. Ellos fueron los sucesores inmediatos de los apóstoles. Y así nos lo explica:

> Se llaman **padres apostólicos** a los autores del cristianismo primitivo que, según la tradición, tuvieron algún contacto con uno o más de los apóstoles de Jesús de Nazaret. Son un subconjunto dentro de los Padres de la Iglesia. Se trata de escritores del siglo I y de principios del siglo II, cuyos escritos tienen una profunda importancia para conocer qué creían los primeros cristianos. Se caracterizan por ser textos descriptivos o normativos que tratan de explicar la naturaleza de la novedosa doctrina cristiana.[11]

Al igual que en los tópicos anteriores, debemos apreciar y reconocer el testimonio y obra de todos los sucesores de los apóstoles, ya que varios de ellos fueron apologistas, defensores de la doctrina cristiana contra las herejías que se levantaron repetidamente en los primeros siglos del cristianismo.

En relación con el Monasticismo

El monacato surge principalmente en las dos últimas décadas del siglo III y lo hace a raíz de que algunos cristianos se desligan de su vida cotidiana, es decir de su familia, de sus pertenencias, etc. y se retiran a la soledad para llevar una vida de austeridad voluntaria, primero en pequeños grupos y más ade-

11 https://es.wikipedia.org/wiki/Padres_apostólicos

lante en grandes comunidades en los desiertos de la Tebaida en Egipto y en Siria. Austeridad que se refiere a lo económico, alimentario, vestimenta, castidad, etc. En fin, normas impuestas por ellos mismos con el objetivo de seguir el ejemplo de Cristo.

Por lo tanto, el monacato cristiano representa un paso en la evolución de la vida perfecta.

La vida monástica (en su forma inicial) aparece en varias de las más importantes religiones del mundo civilizado, lo que nos demuestra que es una reacción humana y normal ante las aspiraciones morales y espirituales, ya que fue la enseñanza de Jesús la que dio forma a esas aspiraciones, engendrando así la existencia del monacato.

En relación al tema de la oración trascendente resulta muy interesante conocer cómo se empezó a dar esta forma de espiritualidad, la cual, los cristianos contemporáneos de ese tiempo vivieron en su más expresiva manifestación. Aunque ya lo mencioné anteriormente, para los cristianos de los primeros siglos, la oración no era una opción, era más que una regla, era una forma de vida. Fue el estilo de oración acuñada por los profetas de Israel, enseñada por Juan el Bautista a sus discípulos, y establecida como la columna vertebral de la espiritualidad de los "verdaderos adoradores de todos los tiempos, por el autor y consumador de la fe.

Hablando con sinceridad y transparencia, debo confesar que, en lo que a mí respecta, –yo no sé si usted, querido lector– sin siquiera conocer cómo fueron los orígenes del monasticismo cristiano de los primeros siglos, estaba tan predispuesto a rechazar cualquiera mención que tuviera relación con los conceptos de monje, monja, monasterio, convento, etc. Naturalmente, con la ayuda de Dios que nos da entendimiento en todo lo que inquirimos de Él, pude comprender el proceso tan impresionante que sufrió la espiritualidad de la fe cristiana de la iglesia post-apostólica.

Por lo tanto, creo que también es saludable abrir nuestro entendimiento en aras de comprender esta forma de espiritualidad, y aprender a callar, que no a tener prejuicios sin fundamento, y a pedir a nuestro guía y maestro, Jesucristo y al Espíritu Santo, que nos dé la revelación pertinente en todas aquellas cosas que a simple vista no podemos entender.

Con todo lo anterior, no quiero decir que me inclino hacia alguna tradición religiosa o corriente teológica en especial, ni que estoy sugiriendo que usted, querido lector, lo deba hacer también. Lo que quiero enfatizar es que hay muchas clases de prejuicios que nos estorban para tener un claro y mejor entendimiento de la esencia de nuestra doctrina y experiencia cristiana. De la misma manera, será de gran ayuda no distraernos tan fácilmente, ni perder de vista nuestra meta, "*prosiguiendo al blanco, al premio de nuestra soberana vocación de Dios en Cristo Jesús, Señor nuestro. Así que, todos los que somos perfectos, esto mismo sintamos: y si otra cosa sentís, esto también os revelará Dios" (RVA-Filipenses 3:14, 15).*

Derivado de lo anterior, se hace necesario definir que el tipo de espiritualidad, de teología, y de corriente de pensamiento de la cual hablo en este tratado es Cristo-céntrica y todo lo que de ello se derive y se relacione. Creo que esta manera de ver las cosas es la más confiable en nuestro diario peregrinar de la vida cristiana.

[20] Edificados sobre el fundamento de los apóstoles y profetas, siendo la principal piedra del ángulo Jesucristo mismo, [21] en quien todo el edificio, bien coordinado, va creciendo para ser un templo santo en el Señor; [22] en quien vosotros también sois juntamente edificados para morada de Dios en el Espíritu.

Efesios 2:20-22 RV-1960

En Relación con Conceptos Desconocidos

En el lenguaje cotidiano que manejamos en la predicación del evangelio existen palabras y conceptos que casi nunca hemos escuchado o leído, y mucho menos entendido, razón por la cual, si en algún momento las llegamos a leer o a escuchar en alguna enseñanza, las pasamos por alto, las rechazamos sin tener en cuenta el significado de ellas.

He escuchado a algunos teólogos y predicadores condenar la práctica de la vida mística o ascética, en base a la escuela teológica que les ha tocado estudiar. Otros no solo condenan sino hasta prohíben que en sus iglesias la gente busque a Dios en oración, porque ellos mismos son enemigos de la vida de oración. Sin embargo, en la literatura teológica cristiana existen varias palabras o conceptos que denotan la profundidad o el alto de grado de espiritualidad de algunos hombres –y mujeres– santos que han hecho de sus vidas y experiencia lo que aquella palabra denota o significa. He integrado un glosario de términos especiales en las páginas finales, pero, en virtud del tema que nos ocupa en este estudio, daré la definición de algunas palabras o conceptos que tienen que ver con la búsqueda intensa y profunda en la vida espiritual:

Ascetismo: (del Griego *askēsis,* "práctica o ejercicio, renunciación"). Formas de disciplina voluntaria, que incluye renunciar a los deseos o placeres de la carne, para el propósito de hacer la voluntad de Dios. Esto incluye el ayuno, la castidad, abandono de las posesiones, o al retirarse de varios aspectos de la vida familiar, intelectual o cultural, en favor de la edificación espiritual o del servicio. Toda la Biblia nos habla del ascetismo correcto. Modelos de ascetismo los encontramos en muchos de los profetas del A.T. entre los que son de gran notoriedad Moisés, Elías, Daniel, Juan Bautista. En el N.T. encontramos la gran escuela de ascetismo en el Maestro Jesús de Nazareth. Mateo 10:37-39; Mateo 16:24, 25; Mateo 19:12, 16-26.

Misticismo: proviene del verbo griego *myein*, que significa «encerrar», de donde *mystikós*, quiere decir "cerrado, arcano –secreto–, misterioso o cosa muy difícil de conocer. Designa un tipo de experiencia o práctica muy difícil de alcanzar, en que se llega al grado máximo de unión del alma humana a lo sagrado y divino durante la existencia terrenal.

Es el estado extraordinario de perfección espiritual que consiste en la unión del alma con Dios por el amor. Es la persona que se dedica y consagra completamente a Dios, en una búsqueda intensa y permanente de su presencia, tanto intelectual como espiritualmente a través del estudio de la palabra de Dios y de la teología. El misticismo va más allá de las formas externas de religión para tratar de conseguir un conocimiento directo de Dios, a través de la oración incesante, la meditación y la contemplación.

Iluminación. De acuerdo a la definición del Diccionario Westminster de Términos Teológicos, "*es la obra del Espíritu Santo en transmitir a los pecadores el conocimiento y gracia del evangelio a través del ministerio de la Palabra de Dios. La imagen bíblica de ser iluminado.*" El mismo diccionario define como iluminación espiritual, "*un término religioso para la luz que libera al espíritu de la oscuridad y el aprisionamiento.*" Asimismo, la Biblia tiene un significado más profundo, relacionado con aquellos que "*una vez que fueron* ***iluminados*** *y gustaron del don celestial, y fueron hechos partícipes del Espíritu Santo, y asimismo gustaron de la buena palabra de Dios y los poderes del siglo venidero, y recayeron, sean otra vez renovados para arrepentimiento,* (Hebreos 6:4-6).

Los misterios. El misticismo nos lleva de la mano, paso a paso, a desentrañar los misterios profundos de la sabiduría de Dios. En la Biblia, en Proverbios ocho, Dios nos habla de la sabiduría divina mediante un antropomorfismo –Dios tomando forma humana–, donde nos invita a gritos a buscarla, a conocerla, a entenderla (v.3). En el conocido *"poema de la sabiduría"* del capítulo veintiocho del libro de Job, nos deja entrever un rayito de luz de lo enorme, preciosísimo y profundo que es la sabiduría de Dios. Inigualable. Lo mismo en Proverbios 8:1-4 la Sabiduría "clama" y dirige su voz a nosotros tratando de captar nuestra atención.

Sabiduría de lo Alto

Job declaró que la sabiduría no se puede encontrar entre los vivientes. Es natural para la gente que no comprende la importancia de la Palabra de Dios que busque la sabiduría aquí en la tierra. Se vuelven a los filósofos, a los científicos y a otros líderes para que les ayude a vivir. Aun así, Job dijo que la sabiduría no se encuentra aquí. Solo se encuentra en Dios. Pablo, en 1ª. Corintios dos, todo el capítulo se refiere a ella como *"sabiduría de Dios en misterio, la sabiduría oculta":*

6 Empero hablamos **sabiduría de Dios** entre perfectos; y sabiduría,
no de este siglo, ni de los príncipes de este siglo, que se deshacen:
7 Mas hablamos sabiduría de Dios **en misterio, la sabiduría oculta,**
la cual Dios predestinó antes de los siglos para nuestra gloria: 8 La
que ninguno de los príncipes de este siglo conoció; porque si la
hubieran conocido, nunca hubieran crucificado al Señor de gloria:
9 Antes, como está escrito: Cosas que ojo no vio, ni oreja oyó, Ni
han subido en corazón de hombre, son las que ha Dios preparado
para aquellos que le aman. 10 Empero Dios nos lo reveló a nosotros
por el Espíritu: porque el Espíritu todo lo escudriña, aun lo
profundo de Dios.

1ª. Cor. 2:6-10

Cuando Pablo hace alusión a "los príncipes de este mundo" que nunca conocieron la sabiduría de Dios, se refiere primariamente a los que lo crucificaron, pero por extensión a los gobernantes, reyes, filósofos, pensadores, científicos, y personajes en eminencia, etc. Dicha sabiduría Dios la predestinó para los que le aman y le buscan de todo corazón, y nada tiene que ver con ninguna forma de ocultismo –prohibida por Dios–, sino con Aquel que es la sabiduría misma por excelencia, y de quien proviene toda revelación de lo que a Él le place revelarnos por Jesucristo, el cual es la encarnación misma de la sabiduría divina (Hebreos 1:3; Colosenses 2:2-4, 6-10).

Aunque estas dos palabras –ascetismo y misticismo– no las encontramos textualmente en la Biblia, el concepto se da como un hecho a través de la vida de muchos personajes de la historia bíblica de los dos testamentos. Experiencias tales como escuchar la voz de Dios audiblemente –como los profetas mayores y menores–, tener visiones sobrenaturales, ser "llevado en el espíritu" –como Ezequiel, Pablo o Juan el teólogo; revelaciones, teofanías, experiencias de iluminación, y algunas otras experiencias "en el espíritu," son el resultado de una vida consagrada a la búsqueda intensa, constante e incesante de la presencia de Dios, en toda su expresión. A lo largo de la historia del cristianismo –hasta nuestros días–, encontramos muchos testimonios de personas que han tenido manifestaciones sobrenaturales con Jesús, con ángeles, con el cielo, etc.

En conclusión, aunque estos dos términos no se expresan literalmente en la Biblia, no podemos negarlos porque han sido característica inseparable de los hombres y mujeres que han buscado el rostro del Señor a través de los tiempos. Por lo tanto, es bueno y saludable quitar de nuestra mente tales prejuicios.

Capítulo 7
Obstáculos para la Oración

Obstáculos para Orar

Interesarse en leer y estudiar este trabajo ya implica, desde un principio, una batalla personal –en su propia mente– para el alma que quiere emprender una disciplina de oración. Para leer algún libro, algunos son atraídos por el título, los tópicos o temas, la portada, el diseño, el autor, etc. con alguna expectativa que pueda interesarle al lector. Realmente, este es un selecto y apetecible tema para algunos pocos, ignorado para muchos y muy incómodo para otros.

El tópico de la oración no representa mucho atractivo, ni es un tema muy motivacional. Lo que sigue a continuación no es en ninguna manera una acusación, sino el diagnóstico de una rara enfermedad espiritual que se llama "sequía espiritual." Por esta razón, a los carismáticos "motivadores" cristianos no les interesa hablar de ello en sus elocuentes mega-conferencias. Este tema es evadido por muchos predicadores, nunca mencionado por los heresiarcas –apóstoles y profetas– de la era posmoderna. Todos ellos tienen algo en común: son alérgicos a la oración en el espíritu. Algunos de ellos hasta predican que "no es necesario orar." A otros líderes cristianos los he oído decir en pleno púlpito: "voy a ser sincero con ustedes: yo no soy una persona de oración," y algunos ministros conocidos míos me han confesado en alguna plática, "estoy tan ocupado, que no tengo tiempo de orar ni siquiera cinco minutos."

Este incómodo y punzante tema, está totalmente ausente en los muchos púlpitos. En muchas iglesias no se enseña como una disciplina, ni siquiera en los catecúmenos, es decir, en los principiantes; se aprende por imitación. No es un buen tema que incluir en congresos o cumbres ministeriales, y casi ha desaparecido de muchas corporaciones cristianas, que en sus orígenes acuñaron como parte consistente de su fundamento. Por lo tanto, ya no la promueven, así como muchos otros temas relacionados con la alta espiritualidad que Dios espera de sus santos ministros y de su santa iglesia, conforme a su Santa Palabra. Sion, la iglesia de Jesucristo, ha sido edificada sobre cimientos de santidad (Salmo 87:1) y sobre el fundamento de aquellos verdaderos apóstoles y profetas, siendo la principal piedra del ángulo, Jesucristo mismo. Efesios 2:20.

Si no estamos conscientes de los obstáculos que vamos a encontrar desde el comienzo de este libro, con mucha facilidad y casi por inercia, lo vamos a hacer de lado, y para ello tendremos que librar la primera batalla. Tendrás que depender de la ayuda sobrenatural que viene del Espíritu de Dios, porque no se trata de un esfuerzo intelectual, sino de un esfuerzo del alma para vencer en la silenciosa lucha espiritual que libramos día a día. He aquí, algunos de los obstáculos con los que podemos tropezar al considerar la lectura y estudio de este tratado o de cualquier otro intento que nos conduzca a buscar incesantemente la presencia del Señor:

Falta de Tiempo

Tal vez no haya ninguna dependencia que nos cueste más aceptar que nuestra dependencia del tiempo. Sería estupendo que no tuviéramos necesidad de tiempo para orar; que pudiéramos comprimir toda nuestra oración en un denso y compacto minuto, y punto. ¡Hay tantas cosas que hacer, tantos libros que leer, tantos trabajos que realizar, tanta gente con la que hablar...! Para la mayoría de nosotros, las veinticuatro horas del día no son suficientes para hacer todo lo que tenemos que hacer. Por eso nos parece una verdadera lástima tener que dedicar una gran parte de ese precioso tiempo a la oración. ¡Si fuera posible disponer de una "oración instantánea", del mismo modo que tenemos "café instantáneo" o "té instantáneo!" Pero, a medida que pasan los meses y los años, sabemos que esa fórmula, sencillamente, no funciona. No existe tal "oración instantánea," como no existe la "relación instantánea." Lo mismo ocurre con la oración, que, a fin de cuentas, es relación con Dios. A medida que pasan los años, constatamos también que nos hemos engañado a nosotros mismos cuando hemos intentado tranquilizarnos queriendo creer que todo cuanto hacíamos era oración.

Puede ser que sea más exacto decir que los dos principales obstáculos que le impiden orar al hombre moderno son: a) la tensión nerviosa –stress–, que le hace imposible estarse quieto; y b) la falta de tiempo. El hombre moderno tiene su tiempo sometido a excesivas y apremiantes exigencias y, desgraciadamente, es demasiado propenso a sentir que la oración es una pérdida de tiempo, sobre todo cuando esa oración no obtiene resultados inmediatos y perfectamente palpables para la mente, el corazón y los sentidos.

Hay mil cosas que reclaman nuestro tiempo y nuestra atención: toda clase de emergencias, de situaciones urgentes, de crisis...; y no tardas en darte cuenta de que hace muchísimo que no le dedicas tiempo a la oración, que no oras; que, tal vez, tu única oración sea en la iglesia y alguna que otra función litúrgica. Poco a poco, vas perdiendo el "apetito", las ganas de orar; tus "músculos" –espirituales– o tus "facultades" para la oración se atrofian, por así decirlo; y, salvo en momentos de verdadero apuro, cuando necesitas desesperadamente la ayuda de Dios, es cuando empiezas a buscar.

Incredulidad

Aunque seamos cristianos profesos, debemos confesar ante Dios y pedirle perdón, que perdone nuestra incredulidad a muchas enseñanzas de la Biblia y cosas de la vida espiritual. Este es el primer gran obstáculo al que se enfrenta nuestra fe. Está escrito que... [6] *En realidad, sin fe es imposible agradar a Dios, ya que cualquiera que se acerca a Dios tiene que creer que él existe y que recompensa a quienes lo buscan* (Hebreos 11:6) NVI. Los mismos discípulos de Jesús, en cierta ocasión se encontraron con un caso que no pudieron resolver. Después que Jesús resolvió el problema y el muchacho quedó libre, sus discípulos le preguntaron a Jesús: "¿Por qué nosotros no pudimos echarle fuera? (al espíritu sordo y mudo). [29] *Y les dijo: Este género con nada puede salir, sino con oración y ayuno"* (Marcos 9:14-29). ¡A cuántas frustraciones de carácter espiritual nos enfrentamos en nuestro ministerio! Jesús aclaró a sus discípulos que no lograron "liberar" al muchacho, que fue debido a "su incredulidad," y que ese género solo sale con oración y ayuno. La autoridad espiritual viene por el poder de Dios que adquirimos por medio de la oración y el ayuno. Echar fuera demonios no es en sí el problema inmediato. El principal problema a vencer radica en "nuestra propia incredulidad." Antes de echar fuera cualquier espíritu en otra persona, hay que vencer al espíritu que obstruye y neutraliza nuestra propia fe, que se llama "incredulidad." La única manera de lograrlo es buscando ser llenos del poder del Espíritu Santo de Dios; eso solo se logra crucificando nuestro ego y nuestra carne junto con Cristo, buscándolo de rodillas, sin desmayar, con ayunos, hasta que realmente recibamos "poder de lo alto."

Falta de Intención o Propósito

¿Sabemos lo que es la oración? Por lo menos, así lo creemos; ¿Pero sabemos que Jesús manda que hay que "orar en todo tiempo y no desmayar"? También lo sabemos. ¿y "orar sin cesar?

¡Por supuesto! Y otras escrituras y más enseñanzas. Y entonces, ¿por qué no lo hacemos en la manera que se nos indica en las Sagradas Escrituras? Puede ser porque aunque lo sabemos, no lo hemos entendido, porque no hemos sido adecuadamente enseñados; o hemos sido arrastrados por una inercia o una corriente generalizada, o porque nos hemos conformado con la idea de que "no nos hace falta," porque *"de ninguna cosa tengo necesidad"* (Apocalipsis 3:14-22), y por lo tanto, no hemos hecho el propósito ni hemos tenido la más mínima intención de tratar de entender las profundidades del reino de los cielos, en lo que atañe a nuestra espiritualidad.

Nuestra Mente o Intelecto

El gran procesador de ideas o pensamientos, imaginación y memoria, es el encargado de desarrollar una personalidad que se proyecta como nuestro "yo" (*ego*), al cual la palabra de Dios le llama "el viejo hombre" (Romanos 6:6; Efesios 4:22; Colosenses 3:9). Pablo lo relaciona con "las obras de la carne" diciendo:

> [5] Porque los que son de la carne piensan en las cosas de la carne; pero los que son del Espíritu, en las cosas del Espíritu. [6] Porque el ocuparse de la carne es muerte, pero el ocuparse del Espíritu es vida y paz. [7] Por cuanto los designios de la carne son enemistad contra Dios; porque no se sujetan a la ley de Dios, ni tampoco pueden; [8] y los que viven según la carne no pueden agradar a Dios.
> *Romanos 8:5-8*

El intelecto humano es frio, calculador, lógico, matemático, materialista y cerebral, analista y escéptico. No quiero decir que sea malo. No; Dios lo integró en nuestro ser. Sí, nos ayuda a pensar y a realizar otras funciones importantes, pero por su misma naturaleza carnal, se opone contra todo lo que se trate del Espíritu de Dios, y por consecuencia no puede sujetarse a la ley de Dios:

"[7] Por cuanto la intención de la carne es enemistad contra Dios; porque no se sujeta a la ley de Dios, ni tampoco puede."
Romanos 8:7

Como el intelecto humano es un órgano de la mente con limitaciones, su capacidad analítica no le permite entender lo que hay en las dimensiones del espíritu. De ahí la explicación a muchas declaraciones como las siguientes: ¡se me acaba muy pronto lo que tengo que pedir! ¡me canso muy pronto! ¡me da sueño! ¡se me vienen muchos pensamientos! ¡no logro concentrarme en la oración! y muchas excusas más. Estas son las batallas internas que tendremos que librar. Tenemos que suplicar y gemir delante de Dios y pedirle:

"Examina oh Dios, y conoce mi corazón; pruébame y conoce mis pensamientos, y ve si hay en mí camino (alguna forma) de perversidad –y remuévela de mí–, y guíame en el camino eterno."
Salmo 139:23, 24. RVR

La oración se ha convertido en la ocupación más abandonada de la iglesia de los últimos días. En el mejor de los casos la intención para sustituirla ha sido la capacitación académica y teológica; y así se ha derramado en cascada, desde los niveles más altos del ministerio a los niveles más elementales del liderazgo.

No es que haya una animadversión o que sea mala la capacitación académica, por el contrario, es loable y muy necesaria. Sin embargo, no podemos darnos el lujo de entregarnos incondicionalmente a los extremos del intelectualismo, haciendo caso omiso de nuestra consagración espiritual, reduciéndola a la nada, debido a que la espiritualidad no es un resultado del intelecto, sino de la experiencia que el hombre de Dios debe tener ante la presencia del Señor. Pablo lo expresa así:

[5] No que seamos competentes por nosotros mismos para pensar algo como de nosotros mismos, sino que nuestra competencia proviene de Dios, [6] el cual asimismo nos hizo ministros competentes de un nuevo pacto, no de la letra, sino del espíritu; porque la letra mata, mas el espíritu vivifica.

2ª. Corintios 3:5, 6

Hay un dicho que reza lo siguiente: "Lo primero es lo primero". En el tema al que nos referimos, la oración es lo primero. Así como lo primero es "buscar el reino de Dios y su justicia" (Mateo 6:33); en el entendimiento de que el reino de Dios solamente puede ser buscado, descubierto y alcanzado a través de la oración. Así es que si no oramos como Dios quiere que lo hagamos, corremos el riesgo de estancarnos en el camino al reino, buscando "las añadiduras" y no el reino. El orden correcto según Dios es que todas las "demás cosas" nos serán añadidas. Lo primero es lo espiritual; lo que sigue es lo intelectual. Ambas cosas se complementan mutuamente, nos capacitan, *"a fin de que el hombre de Dios sea perfecto, enteramente preparado para toda buena obra* (2ª. Timoteo 3:17).

Enfoque

Esto tiene que ver con el grado de atención que le damos a las cosas. El nivel de atención o enfoque que le demos a las cosas marcará la claridad y nitidez con que las percibimos, para así darles la atención y dedicación que merezca. Todos los que han usado cámaras fotográficas saben lo que es enfocar un objeto. Las fotos mal enfocadas simplemente no sirven. Si no nos enfocamos en lo más importante que corresponde a nuestra alma, nos colocaremos en uno los siguientes niveles:

a. Ceguera espiritual, en la cual no vemos ni entendemos nada. Por una razón que el apóstol Pablo explica de la siguiente manera:

3 Pero si nuestro evangelio está aún encubierto, entre los que se pierden está encubierto;[4] en los cuales el dios de este siglo cegó el entendimiento de los incrédulos, para que no les resplandezca la luz del evangelio de la gloria de Cristo, el cual es la imagen de Dios.
2ª. Corintios 4:4

Más claro aún; si no enfocamos la disciplina de la oración como la prioridad número uno para el fortalecimiento y soporte de nuestra vida espiritual estamos ciegos –espiritualmente hablando–; y si tenemos la responsabilidad de ser predicadores o ministros del evangelio, venimos a ser *"ciegos, guías de ciegos"* (Mateo 15:14 y 23:16).

b. Percepción débil o borrosa. Es en cierto modo similar a la ceguera, con la diferencia que se logra "ver algo." No se logran ver con claridad los objetos, y menos los conceptos. Aquí caben las enfermedades visuales como ilustración: miopía, hipermetropía, estrabismo, vista cansada y hasta glaucoma. Lo que se ilustra en que hay falta de entendimiento. No hay una clara definición ni concepción de las cosas. Se camina como a tientas. Se cae en la tibieza y en la mediocridad.

c. Una visión clara y nítida de las cosas. Es la visión con un enfoque perfecto. En otras palabras, con una atención perfectamente centrada en el objeto de estudio, y que da como resultado un claro entendimiento, sin lugar a dudas. El profeta Samuel lo dice en estos términos:

"Ciertamente el obedecer es mejor que los sacrificios, y el prestar atención que la grosura de los carneros."
1ª. Samuel 15:22 (RV-1960).

Otras Escrituras nos hablan de la importancia de la atención:

Haciendo estar atento tu oído a la sabiduría;
Si inclinares tu corazón a la prudencia...
Proverbios 2:2

Oíd, hijos, la enseñanza de un padre,
Y estad atentos, para que conozcáis cordura.
Proverbios 4:1

Hijo mío, está atento a mi sabiduría,
Y a mi inteligencia inclina tu oído...
Proverbios 5:1

Influencias del Mundo

Vivimos en un momento histórico del desarrollo científico y tecnológico sin precedentes, en que hay tantas cosas que nos distraen y nos apartan de los deberes más elementales de la vida espiritual y nos convierten en esclavos cibernéticos de los programas televisivos, deportes, noticias, etc. Los cristianos de hace cuarenta años condenábamos a la gente que iba a las salas de cine. Hoy en día el cine se ha metido en cada hogar, y "el teléfono celular en cada bolsillo. Por si fuera poco, la tecnología de las comunicaciones ha creado teléfonos celulares tan sofisticados y prácticos, haciendo de cada individuo un adicto a las redes sociales como Twitter, Facebook, Whatsapp, Instagram, etc. incluyendo a gran cantidad de ministros, a muchos de los cuales los puede uno sorprender bien distraídos usándolos en plena actividad de adoración en los servicios. El problema no está en los aparatos ni en el uso, sino en el abuso adictivo que se les ha dado, olvidando por completo que la comunión con Dios es un asunto de vida o muerte espiritual. Las palabras del apóstol Juan son bien claras:

15 No améis al mundo, ni las cosas que están en el mundo. Si alguno ama al mundo, el amor del Padre no está en él. 16 Porque todo lo que hay en el mundo, los deseos de la carne, los deseos de los ojos, y la vanagloria de la vida, no proviene del Padre, sino del mundo. 17 Y

el mundo pasa, y sus deseos; pero el que hace la voluntad de Dios permanece para siempre.
1ª. Juan 2:15-17

Naturalmente que hay más cosas del mundo que están influyendo sobre el pueblo de Dios, y aún sobre los "verdaderos adoradores." Se ha ido perdiendo la espiritualidad, y las influencias mundanas se están dejando sentir fuertemente en las iglesias, al grado que la gente celosa de Dios y de su Palabra ya son una "especie en extinción." Se les etiqueta de incómodos, fanáticos, exagerados y santurrones. La música cristiana ha sido influenciada, la vestimenta, y grandes oleadas de filosofías ateas, mundanas y perversas como el feminismo, la ideología de género, el transhumanismo, juegos cibernéticos de ocultismo, etc. y cada día dejan sentir su influencia sobre la sociedad, sin escaparse el cristiano común y corriente. ¿Y qué decir de las diversiones y los deportes? En los días de adoración hay más gente llenando los teatros y estadios, mientras las iglesias se están quedando sin gente. Pablo nos advierte de esta situación:

Mirad que nadie os engañe por medio de filosofías y huecas sutilezas, según las tradiciones de los hombres, conforme a los rudimentos del mundo, y no según Cristo.
Colosenses 2:8.

Las Tinieblas

El otro gran obstáculo para el alma que intenta acercarse a Dios en oración es la oscuridad espiritual, la cual encontramos como sinónimo de ellas la palabra tinieblas. Tiniebla proviene del latín *"tenebrae"* que significa oscuro. Pero es conveniente distinguir que hay varios tipos de tinieblas, y no todas tienen un significado negativo.

Dos clases de Tinieblas

Las tinieblas, literalmente significan "oscuridad," pero las vemos manifestándose desde antes de la fundación del mundo, así como de otras maneras diferentes maneras a través de la Biblia. Miguel de Molinos, de origen español, uno de los grandes maestros y precursores del arte de la oración contemplativa, nos lo explica en su libro "Guía Espiritual" de la siguiente manera:

> Hay dos formas de tinieblas: unas infelices y otras felices. Las primeras son las que nacen del pecado, y éstas son desdichadas, porque conducen al cristiano al precipicio eterno. Las segundas, son las que el Señor permite en el alma para fundarla y establecerla en la virtud; y éstas son dichosas, porque la iluminan, la fortalecen y ocasionan mayor luz.

Estas últimas tienen su máxima expresión en las regiones espirituales del alma, y por consecuencia en la mente. Ha sido motivo de controversia entre muchos cristianos la sola idea de que las tinieblas continúan su poder activo y destructivo en la vida de los "santos," aún después de haberse convertido, ser santificados y hasta de ser llenos del Espíritu Santo. Solo el Espíritu Santo nos puede dar la pertinente revelación sobre este misterio, a la luz de la Palabra de Dios. Por otro lado, el apóstol Pedro nos lo explica de la siguiente manera:

> Amados, yo os ruego como a extranjeros y peregrinos, que os abstengáis de los deseos carnales que batallan contra el alma.
> *1 Pedro 2:11*

Recordemos que el apóstol Pablo le escribe estas declaraciones a "las iglesias de los santos, que están en…," y nos explica de la batalla en medio de la cual viven día a día los cristianos en general, incluyendo a los que tienen algún tipo de ministerio. Nada los exenta de la lucha espiritual que cada uno tiene que librar en su propia mente, en su propia alma, y en su propia carne. Él mismo amplifica la diversidad de los "deseos carnales" definiéndolas como las obras de la carne:

> [16] Digo, pues: Andad en el Espíritu, y no satisfagáis los deseos de
> la carne. [17] Porque el deseo de la carne es contra el Espíritu, y el
> del Espíritu es contra la carne; y éstos se oponen entre sí, para
> que no hagáis lo que quisiereis. [19] Y manifiestas son las obras de
> la carne, que son: adulterio, fornicación, inmundicia, lascivia,
> [20] idolatría, hechicerías, enemistades, pleitos, celos, iras, contiendas,
> disensiones, herejías, [21] envidias, homicidios, borracheras, orgías, y
> cosas semejantes a estas; acerca de las cuales os amonesto, como ya
> os lo he dicho antes, que los que practican tales cosas no heredarán
> el reino de Dios.
>
> *Gálatas 5:16-21.*

Naturalmente, hay muchas enfermedades y vicios del alma que no están incluidas en la lista anterior, aunque están mencionadas en otras escrituras, cuyas raíces están tan profundamente arraigadas en las profundidades del alma. Solo por mencionar unos ejemplos citaré el, orgullo, la altivez, la vanagloria, la egolatría, la discriminación, los complejos de superioridad y de competencia, etc. Todas las afecciones mencionadas son cosa común en las personas que no viven la vida en Cristo, pero es alarmante descubrir lo anterior muy frecuentemente, en el carácter y personalidad de muchos líderes espirituales en eminencia, hombres de Dios que tienen el potencial de transformar el mundo. Personas con estas características son personas que simplemente son enemigas de la oración. Quieren –orar– pero no pueden, porque su naturaleza carnal les estorba. Si lo hacen, es en su más mínima expresión, con un carácter ritual, cuando se levantan o acuestan, cuando comen, etc. Si es en la iglesia, son oraciones de rigor, parte de la liturgia eclesiástica, pero carentes del fuego del Espíritu. Dicho de una manera más directa y explícita, leamos cómo lo explica un celoso predicador:

El predicador que es débil en la oración, es débil también para impartir el poder vivificador. El predicador que ha dejado de considerar la oración como un elemento importante y decisivo en su propio carácter, ha privado a su predicación del poder de dar vida.
E.M. Bounds.

La oscuridad espiritual más común en las almas, es la que proviene de la ignorancia. Las tinieblas abundan donde no hay conocimiento de Dios ni de su Palabra. Ese es el terreno fértil para que "los agentes" de las tinieblas (espíritus) se adhieran fuertemente al alma del creyente, y de ahí se desprende que la espiritualidad de muchos cristianos se vea tibia, mediocre, fría y aún bajo el efecto zombi (muertos vivientes). El Señor contempla –a su iglesia– como desventurada, ciega, miserable, débil, pobre, y desnuda, como la de Laodicea (Apocalipsis 3:17).

Querido lector, el diagnóstico de nuestra espiritualidad está dictado por el doctor de las almas eternas que dictó la receta o prescripción médica en el libro de Apocalipsis. Él recomienda que compremos de Él, *"oro refinado en fuego"* (símbolo de la oración en el espíritu). Vestirnos de *"vestiduras blancas"* (símbolo de la santidad con que debe revestirse nuestra alma), y *"ungir nuestros ojos con colirio"* (símbolo del Espíritu Santo que nos abre el entendimiento y la vista espiritual) Apocalipsis 3:14-22.

Como irás descubriendo a través de estas páginas, hay algo más profundo y más serio que el Señor Jesucristo está haciendo con su Iglesia y con su santo ministerio. Este es un llamado directo a tu corazón de parte de Él, tocando a la puerta de tu corazón. Es un fuerte llamado a una relación más profunda con Él y con su Santo Espíritu. *"Yo* (Jesús) *estoy a la puerta* (de tu corazón) *y llamo; si alguno* (ese eres tú) *oye mi voz...* (Apocalipsis 3:20). ¿Serás sincero y transparente contigo mismo? ...tú sabes,... tú entiendes... tú decides.

Satanás

El príncipe (máximo líder administrador) de las tinieblas de este mundo, siempre ha tratado de deshacer o bloquear, todas las intenciones de que las gentes en el mundo descubran el conocimiento de los caminos del Señor, utilizando toda la astucia que le caracteriza, para seducir a la humanidad desde los mismos comienzos en el huerto del Edén hasta nuestros días. No son fantasías ni son cuentos de hadas. Pablo el apóstol de los gentiles lo dice en los siguientes términos:

> 3 Pero si nuestro evangelio está aún encubierto, entre los que se pierden está encubierto; 4 en los cuales el dios de este siglo cegó el entendimiento de los incrédulos, para que no les resplandezca la luz del evangelio de la gloria de Cristo, el cual es la imagen de Dios
> *2ª. Corintios 4:3, 4.*

Los que se han convertido a Cristo al abandonar las obras de las tinieblas, viven constantemente bajo una influencia de distracciones mundanas, como ya lo dijimos anteriormente. Los cristianos no son forzados por Satanás, sino que son seducidos inteligentemente, para apartarlos de la santidad y de la comunión con Dios, y hacer que pierdan el interés por la oración, hasta lograr que los cristianos decaigan en su vida espiritual, hasta convertirlos en cristianos mundanalizados, soldados inofensivos, sin armas, pues el arma más poderosa que puede usar el cristiano contra el enemigo es la oración. No te glories de poseer esa arma tan especial; acuérdate que solo será útil y poderosa si le metes… "cartuchos." Por decirlo de otra manera con palabras más comprensibles, entendimiento, dedicación y entrega.

Capítulo 8
Adoración y Alabanza

[1] Alabad a Jehová desde los cielos; Alabadle en las alturas.

[2] Alabadle, vosotros todos sus ángeles; Alabadle, vosotros todos sus ejércitos.

[3] Alabadle, sol y luna; Alabadle, vosotras todas, lucientes estrellas.
[4] Alabadle, cielos de los cielos, y las aguas que están sobre los cielos.
Los reyes de la tierra y todos los pueblos, los príncipes y todos los jueces de la tierra;
[12] los jóvenes y también las doncellas, los ancianos y los niños.
[13] Alaben el nombre de Jehová, porque sólo su nombre es enaltecido.
Su gloria es sobre tierra y cielos.
Salmo 148:1-4, 12,13

Definiciones

La adoración y la alabanza son parte del contexto de la espiritualidad del pueblo de Dios, junto con la oración. Desde las más remotas manifestaciones del culto al Señor han existido. Así que definiremos algunos aspectos importantes de estas dos prácticas. Adorar a Dios es la actividad más noble, elevada e importante que el ser humano puede realizar. Fuimos creados para eso, y cuando el hombre pecó rompiendo así su relación con Dios, él envió a su propio Hijo con el fin de redimirnos para que pudiéramos ser nuevamente verdaderos adoradores. Esto es lo que Jesús quiso dar a entender a la mujer samaritana cuando le dijo: "*Mas la hora viene, y ahora es, cuando los verdaderos adoradores adorarán al Padre en espíritu y en verdad; porque también el Padre tales adoradores busca que le adoren"(Juan 4:23).* Tan importante es el tema, que la adoración será nuestra actividad principal durante toda la eternidad. Lo podemos comprobar con frecuencia en el libro de Apocalipsis capítulo 4, donde todos los seres celestiales adoran a Dios sin cesar.

Según el diccionario Hebreo-Español de Judit Targarona Borrás, la palabra hebrea *hishtajavá*" significa inclinarse, prosternarse, postrarse, rendir homenaje, arrodillarse, adorar. Esta palabra se usa para expresar adoración al Dios Eterno. La palabra viene de "*shajá*" que significa lo mismo, mas inclinar la cabeza, estar humillado. La adoración escritural también está relacionada con los sacrificios de los animales y el servicio sagrado en el tabernáculo y el templo. Es un concepto en el Antiguo Testamento, que expresa una muestra externa de un reconocimiento interno de personas que tienen autoridad y dignidad, sea que se trate del Eterno mismo, sus emisarios celestiales, sus agentes humanos delegados, u otras personas que son dignas de recibir honor.

Las palabras hebreas hishtajavá, shajá y la palabra aramea "*seguid*" han sido traducidas en una sola palabra griega que es "*proskuneo*", que significa besar (en el aire, o como un perro lame la mano de su amo). Esta es la palabra usada en los escritos apostólicos del Nuevo Testamento, tomando también como antecedente el significado que tiene en el hebreo.

Por extensión, el significado dado en el idioma griego, nos enriquece el concepto de la adoración, ya que no se puede adorar a alguien a quien no se ama. Probablemente se pueda respetar y expresar ciertas actitudes de reconocimiento a personas que son dignas de ello. Y más aún, no se puede besar (proskuneo), es decir, adorar, a alguien a quien no se ama. Asimismo, no es lógico tener comunión ni comunicación con una persona no amada.

Otra definición la define como el servicio de alabanza (elogio, encomio, tributo, aplausos), adoración, acción de gracias, petición, y por extensión, consagración, deificación y rendir culto, dirigidas hacia Dios, a través de acciones y actitudes.

Dios es más explícito en su primer Mandamiento en Éxodo 20:1-3, estableciendo que Él no acepta que nos "inclinemos" ni "honremos" (hishtajavá) a dioses ajenos, ni a imágenes de ningún tipo. Él es muy celoso en lo que se refiere a la adoración, y no comparte su gloria con nadie.

En esta declaración Jesús implica todo el diseño de su "nueva" –pero verdadera– forma de espiritualidad. Lleva implícita toda una revolución espiritual y religiosa para la legalista y farisaica mentalidad judía. Ya no se adoraría al Padre solamente en el templo de Jerusalén, ni en el monte de Samaria, sino en todo lugar donde se invocara al Padre en espíritu y en verdad, aunque eso significara "hasta en el último rincón de la tierra." Él les enseñaría la mejor y más práctica manera de hacerlo, como lo veremos más adelante.

Actitudes y Expresiones de Adoración

Creo que no hay ningún problema en entender los conceptos de inclinarse, prosternarse, postrarse, rendir homenaje, arrodillarse, alabar, inclinar (o agachar) la cabeza, estar humillado, amar, besar, porque son parte de nuestras costumbres.

Aparentemente todas las actitudes y expresiones anteriores, según las traducciones, ya sean del hebreo o del griego, son expresiones externas del adorador o del que rinde culto a Dios, sobre todo, cuando lo hacen de todo corazón. Pero Jesús, al dialogar con "la samaritana" le dice que...

"Mas la hora viene, y ahora es, cuando los verdaderos adoradores adorarán al Padre en espíritu y en verdad; porque también el Padre tales adoradores busca que le adoren"
Juan 4:23

Adorar en el espíritu es una expresión "interior", de lo más profundo del ser, muy diferentes a nuestras expresiones externas, tales como posturas del cuerpo, o mentales como la manifestación de emociones. Así Jesús nos enseña como "orar en el espíritu," "andar en el espíritu" y no "en la carne." Cómo cantar en el espíritu, y sobre todo, cómo "adorar en el espíritu y de una forma verdadera," es decir, con entendimiento (1ª Cor. 14:15). El gran Mandamiento de Dios es este:

Amarás al Señor tu Dios con todo tu corazón, con toda tu alma y con toda tu mente.
Este es el primero y grande mandamiento.
Mateo 22:38, 39

Para poder adorar a Dios en espíritu y verdad necesariamente incluye amarlo con todo nuestro corazón, toda nuestra alma y toda nuestra mente, porque nuestro espíritu es todo lo que somos: nuestro corazón, nuestra alma y nuestra mente. Esa parte inmaterial de nosotros que cubre nuestras emociones, nuestro carácter y nuestros pensamientos. Por lo tanto, una adoración como Jesús la describió requiere una sintonía y armonización de todo lo que somos dirigido a un solo propósito: agradarlo a Él con todos los aspectos de quiénes somos.

La verdadera adoración debe ser "en espíritu", es decir, que involucre todo el corazón. A menos que exista una verdadera pasión por Dios, no hay adoración en espíritu. Al mismo tiempo, la adoración debe ser "en verdad", es decir, debidamente fundamentada. Si no tenemos conocimiento del Dios que adoramos, no hay adoración en verdad. Ambas son necesarias para satisfacer y honrar a Dios en adoración. Espíritu sin verdad conduce a una experiencia emocional y demasiado superficial. Tan pronto como se termine la emoción, cuando el fervor se enfría, se enfría también la adoración.

La verdad sin espíritu puede resultar en un encuentro seco y sin pasión que fácilmente puede conducir a una forma triste de legalismo. La mejor combinación de ambos aspectos de la adoración se traduce en un reconocimiento gozoso de Dios fundamentado por las escrituras. Cuanto más sabemos acerca de Dios, más lo apreciamos. Entre más lo apreciamos, más profunda es nuestra adoración. Entre más profunda sea nuestra adoración, mayormente será Dios glorificado.

Esta fusión de espíritu y verdad en la adoración solo puede ser descrita por Jonathan Edwards, el pastor y teólogo americano del siglo XVIII. Él dijo:

> "Yo debo pensar que es mi deber el elevar los afectos [emociones] de mis oyentes tan alto como me sea posible, con tal de que sean afectados únicamente por la verdad."

Edwards reconoció que la verdad y sólo la verdad puede influir adecuadamente las emociones de una manera que traiga honra a Dios. La verdad de Dios, por ser de valor infinito, es digna de infinita pasión. Conocer la verdad es conocer a Dios, pues Él es la verdad absoluta. Jesús nos lo enseña siguiendo el diálogo que tuvo con sus discípulos:

> 6 Jesús le dijo: Yo soy el camino, y la verdad, y la vida; nadie viene al Padre, sino por mí. 7 Si me conocieseis, también a mi Padre conoceríais; y desde ahora le conocéis, y le habéis visto.
> *Juan 14:6. 7*

Como vemos en esta escritura, se está hablando de dos cosas sustanciales: el conocer al Señor comprende conocerlo a través de Su Palabra, la Biblia, en la cual podemos descubrir el carácter de Dios, sus atributos y su relación con los hombres. Dicho conocimiento nos conecta con el camino hacia Dios, con la vida eterna y con la verdad absoluta que viene del Padre. Como vemos, Jesús da por sentado que quien lo ha conocido a Él, ha conocido también al Padre el cual es el camino, es también la verdad que nos conduce a la vida eterna. Aunque es muy laborioso alcanzar a conocer a Dios en toda la magnitud de la palabra, no obstante, es algo que puede ser logrado mediante una íntima relación con Dios con la ayuda de su Espíritu Santo. La gran incógnita es: ¿qué tanto conocemos de nuestro Dios, al cual adoramos y servimos? En el próximo cuadro quedarán expuestos muchos aspectos del carácter de Dios.

¿Realmente conocemos al Dios que adoramos?

18 A Dios nadie le vio jamás; el unigénito Hijo,
que está en el seno del Padre,
Él le ha dado a conocer.
Juan 1:18

¿Cómo conocer a una persona? Por sus características físicas, por las cualidades de su carácter, por sus errores, por sus vicios, por las descripciones que otros hacen de él, por medio de fotografías o películas, etc. Sin embargo, nos encontramos con el problema de que *"a Dios nadie le vio jamás."* Probablemente conocemos algunos de los aspectos de su carácter o de sus atributos. La Biblia nos proporciona un retrato escrito a través de sus páginas. Para mejor comprender al Dios que adoramos, tratemos de acercarnos más a Él para conocerle más de cerca. Empezaremos por conocer diversos aspectos de lo que Él es y algunos de sus atributos, a través de la siguiente tabla:

Atributos de Esencia y Universalidad

Esencia	**Significado**	Cita
Omnisciente	Que todo lo sabe	Sal. 139:1-4
Omnipresente.	Que está presente en todo lugar.	Sal. 139: 7-18
Omnipotente.	Que tiene todo poder, sin límites. El-Shaddai	Gén. 17:1
Omnividente	Que todo lo ve y lo escudriña	Salmo 11:4
Omnímodo.	Que es absoluto y total; todo lo domina y lo abarca	Salmo 103:19
Eterno	Atemporal. El eterno presente. El-Olam	Apoc. 1:8
Absoluto	Que existe por sí mismo	Is.4 4:6; 45:5
Infinito	Que su presencia se extiende hacia todos los puntos y ángulos del universo, sin fin.	Sal.147:5
Sublime	excelente, brillante, perfecto, admirable, bello, muy grande y muy elevado.	Is. 57:15
Excelso.	Muy elevado, alto y eminente.	Salmo 97:9
Santo	Diferenciado, distinguido, apartado, consagrado	Lev. 20:26
Santísimo	Lo más apartado y consagrado	Prov. 9:10
Dios es espíritu	Aliento, respiro, viento, aire, que da vida al universo entero. Shekiná	Juan 4:24
Dios es luz	Es la fuente universal de poder que ilumina el cielo y la tierra	1 Jn.1:5; Jn. 1:4
Dios es fiel	Exactitud, precisión, firmeza y constancia; siempre cumple a su Palabra, nunca falla.	Apoc. 19:11
Dios es bueno	Esencia de toda bondad	Salmo 136:1
Dios es Verdad	Integro, honesto, cabal, buena fe, confiable, sincero, perfecto	Juan 14:6
Fuerte	La fuerza y el poder pertenecen a Él. Elohim	Neh. 9:32
Altísimo	Más alto que los cielos y el universo. Alto sobre todo	Gén.19:14,20,22

Excelentísimo Exaltadísimo	La excelencia es una virtud, un talento o cualidad, lo que resulta extraordinariamente bueno y también lo que exalta las normas ordinarias.	Hebreos 1:4 Fil. 2:9
Padre	Él es el padre de toda creación	Mt. 6:9
Definiendo a Dios por su Carácter		
Admirable	Cielos y tierra lo admiran y lo adoran	Is. 9:6; Sal.148
Glorioso	Lleno de Gloria y majestad	Salmo 8:1
Perfecto	Sin tacha ni defecto. Él es la fuente de la perfección.	Job 37:16 Mt.5:48
Humilde	No hace ostentación de sus virtudes	Fil.2:5-8
Dios es Amor	Sentimiento de vivo afecto hacia todo lo que Él creó, deseando todo lo mejor y lo bueno.	1 Jn.4:8 Juan 3:16
Dios es Gozo	Alegría, regocijo, bienestar, felicidad	Gálatas 5:22
Dios es Paz	Tranquilidad, quietud, reposo. Zar Shalom	2 Cor. 13:11; Mt.5:9
Bondadoso	Virtuoso, inclinado a hacer el bien	Gál. 5:22; Sal.107:1
Majestuoso	Infunde admiración y respeto por su solemnidad, elegancia y grandeza	Job 37:22 Hebr, 1:3
Benigno	Dios nos muestra su amor, su buena voluntad, comprensión y simpatía; propicio y favorable	Os.2:19; Rom.2:4
Manso y humilde	Docilidad y suavidad que se muestra en el carácter	Mt. 11:29
Paciente	Calma o tranquilidad para esperar.	2 Pedro 3:9
Tolerante	Respeta las opiniones, ideas o actitudes de la gente, aunque no coincidan con las propias.	Sal. 103:10
Clemente	Benevolencia o compasión con que una persona juzga o castiga a otra	Sal.103:8
Misericordioso	Dispuesto a compadecerse de los sufrimientos y miserias ajenas.	Salmos 103, 136
Justo	Principio moral que inclina a obrar y juzgar respetando la verdad y dando a cada uno lo que le corresponde.	Jer. 12:1

Dios de Gracia	Cualidades por las que las personas o las cosas que las poseen resultan atractivas o agradables. Favores inmerecidos de parte de Dios hacia su creación.	1 Pedro 5:10
Terrible	Que es muy grande e intenso. Que aterroriza. Eloah	Éxodo 15:11
Temible	Digno de ser temido, por su grandeza, fortaleza y poderr	Deut.28:58
Celoso	Sospecha o inquietud ante la posibilidad de que la persona amada preste atención en favor de otra.	Éxodo 20:5
Profundo	Imposible penetrar a las profundidades donde Él habita	Salmo 122
Definiendo a Dios Apofáticamente –por lo que no es–		
Inefable	Aquello que no puede expresarse con palabras	Éxodo 3:14
Increado	Que no ha sido creado. No genealogía. No depende de nada ni de nadie más, por lo tanto, independiente.	Hebr.7:3
Autónomo		
Invisible	Que no puede ser visto por nadie Ex. 33:20	Juan 1:18
Incondicionado	Que no es condicionado ni sujeto por nada ni por nadie	Is. 45:9
Incognoscible	Que no puede ser conocido por el razonamiento humano. Está más allá de todo conocimiento.	
Inexorable	Inevitable, ineludible, irremediable	
Ininteligible	Que no puede ser abrazado por ninguna inteligencia. Él está más allá de toda inteligencia.	
Infalible	Que no se equivoca nunca o que jamás comete un error. Que no puede engañar ni engañarse.	
Indefinible	Que no se puede definir con claridad y precisión.	Juan 1:18

Incomprensible	Que nada ni nadie lo puede comprender en su totalidad.	
Inmutable	Que no cambia. Que permanece para siempre.	Hebr. 13:8
Indivisible	Que no se puede dividir. Solo entre sí mismo.	Deut. 6:4
Inmortal	Inextinguible, indestructible imperecedero.	1 Tim.1:17
Inconmensurable e imponderable	Que no se puede medir. No tiene dimensiones; altura, anchura, largura o peso serían infinitas.	Isaías 66:1 Salmo 147:5
Inimaginable	Que no se puede concebir en la imaginación	Is. 40:25
Incomparable	No se puede comparar con nada ni con nadie	Is. 40:25
Innombrable	Que no puede ser nombrado con ningún nombre	Exodo 6:2
Inalcanzable	Alguien necesitaría ser superior a Él para poder alcanzarlo en cualquiera de sus atributos.	
Inobservable	Nada [ni nadie] lo ha observado. Sí adorado.	Juan 1:18
Impecable	Nunca se ha contaminado. Puro, santo y perfecto	Lev. 11:44
guía	Él os guiará a toda la verdad…	Jn 16:13; Ap 7:17
Dios como Profesionista		
Creador Increado	Universo, cielos, ángeles, humanos, todo.	Apoc. 4:11
Legislador	Creador de todas las leyes del universo	
Rey	Él es el Rey de la Gloria	Salmo 24
Militar	Dios de los ejércitos celestiales y de Israel. YWHW Tzebaot	Salmo 46:7
Salvador	El que salva y restaura lo que se había perdido	Juan 3:16. 17
Redentor	Él pagó el precio de nuestros pecados	Is. 47:4
Pastor	Él es el buen pastor. Nosotros, ovejas de su prado.	Salmo 23 y 100:3

Doctor	El que sana todas tus dolencias; por su llaga...	Salmo 103:4
Libertador	Él vino a liberarnos del pecado y condenación	Is. 61:1-3
Alfarero	Somos como barro en sus manos.	Jer. 18:6
Escultor	Él esculpió su imagen en todos los hombres y naturaleza.	Génesis 1
Pintor	Pintó de colores toda la creación natural y sobrenatural	Génesis 1
Diseñador	Él diseñó todo el universo	Génesis 1 y 2
Maestro	En el cielo y en la tierra el magisterio pertenece a Él	Mateo 23:8
Sabio	Autor de la sabiduría. Él es la fuente del conocimiento.	Prov. 8; Ez. 28:3
Científico	Autor y administrador de la ciencia universal	Proverbios 8
Inventor - Creador	Todo invento viene de Él. Sinónimo de Creador	Mt.10:26
Administrador	Todo el universo está bajo su control y dominio	Salmo 8 y 19
Consejero	De Él viene todo consejo hacia el hombre	Job 33:16; Is 9:6
Juez	El-Shofet-Haaretz. Persona que tiene autoridad para juzgar y sentenciar y es responsable de la aplicación de las leyes Universalmente.	Salmo 7:11; 75:7 Juan 5:27 Apoc. 16:7
Justiciero	El administra la justicia y el derecho. Jehová Tzidkenu	Salmo 103:6

Un Buen Comienzo

Como hemos apreciado en el listado anterior, muchas de las cualidades y atributos del Señor al cual adoramos y servimos, nos dan una panorámica sensible de lo que podemos apreciar acerca de su personalidad y carácter. Asimismo, descubrimos muchos de las cualidades atribuidas a Él, mismas que emanan de la multiforme manifestación de su Santo Nombre, esencia y personalidad. Aunque nos falta mucho por conocer tocante a su persona, estos son algunos rasgos que merecen ser tomados en cuenta al adorar a Dios. No obstante, aún nos quedamos cortos en cuanto a apreciación y entendimiento de lo que Dios realmente es. Con esta breve información ya contamos con un poquito de conocimiento acerca de Él, y con su gracia, podamos llegar a convertirnos en verdaderos adoradores.

Por lo tanto, podemos concluir, que en realidad son muchos los creyentes que desconocen a Dios, y si lo hacemos, es solo en parte. Pero podemos descubrir a través de la Biblia, muchas cualidades y atributos del Ser más maravilloso que se haya manifestado a la humanidad y al universo entero. Pero al Padre del universo le ha placido facilitarnos la comprensión de los designios eternos, al haberse manifestado naturalmente de una manera simple y sencilla, en una persona cuyo nombre llevamos en lo más profundo del corazón, esto es, a Cristo Jesús. Considerando lo anterior, este conocimiento representa un buen comienzo para adorar al único que es digno de suprema adoración y alabanza.

Ahora vemos por espejo, oscuramente;
mas entonces veremos cara a cara.
1ª. Corintios 13:12

Por tanto, nosotros todos,
mirando a cara descubierta como en un espejo la gloria del Señor,
somos transformados de gloria en gloria en la misma imagen,
como por el Espíritu del Señor.
2ª. Corintios 3:18

Él es la imagen del Dios invisible,
el primogénito de toda creación.
Colosenses 1:15

... el cual, siendo el resplandor de su gloria,
y la imagen misma de su sustancia,
y quien sustenta todas las cosas con la palabra de su poder...
Hebreos 1:3

Para reunir todas las cosas en Cristo,
en la dispensación del cumplimiento de los tiempos,
así las que están en los cielos, como las que están en la tierra.
Efesios 1:10

9 Por lo cual Dios también le exaltó hasta lo sumo,
y le dio un nombre que es sobre todo nombre,
para que en el nombre de Jesús se doble toda rodilla
de los que están en los cielos, y en la tierra, y debajo de la tierra;
y toda lengua confiese que Jesucristo es el Señor,
para gloria de Dios Padre.
Filipenses 2:5-11

La Alabanza

Primeramente, la encontramos como una de las prácticas que se realizan dentro de la adoración o culto al Señor, al lado de otras expresiones más. La alabanza no es el todo de la adoración, aunque es una expresión muy importante que nos abre paso para entrar en la presencia del Señor. De hecho, nos es de mucha ayuda, como un trampolín, para lanzarnos hacia el maravilloso "río divino" de la plena adoración. Así que definamos el concepto de alabanza, en lo mejor de nuestro entendimiento, a la luz de las Sagradas Escrituras.

Una definición literal dice de la siguiente manera: "Como **alabanza** se designa la **acción de alabar o alabarse**. Alabar, como tal, se refiere a la **acción de celebrar con palabras (sin música) algo positivo.** De allí que las alabanzas sean, en términos generales, afirmaciones que exaltan el valor o la virtud de una persona, de un lugar, un objeto, una idea o un ser divino."

Definición de Acuerdo con el Antiguo Testamento

Algunas de las raíces hebreas de esta palabra, de acuerdo con el A.T. son las siguientes:

1. **YADAH.** El significado de Yadah es: Una acción voluntaria que expresa dependencia absoluta en Dios, extendiendo los brazos y levantando las manos, alabando al Señor.

2. **TOWDAH.** Significa Levantar las manos con acción de gracias, presentar sacrificios de acción de gracias, no solamente por todo lo recibido, pero también por lo que se espera recibir.

3. **HALAL.** significa: Celebrar con palabras, hablar entusiasmadamente de alguien o algo, presumir jactanciosamente. El gozo interior debe expresarse exteriormente. La alabanza siempre es: extrovertida, audible y visible. (La adoración no necesariamente). La Alabanza y la Adoración son fe en acción. De ahí la palabra ¡Aleluya!

4. **SHABACH.** Esta palabra significa: Expresión de Júbilo y Victoria. Expresiones en fuerte y alta voz, gritos de júbilo; (Sal. 63:3; 47:1).

5. **BARAK.** Significa: Bendecir al Señor, como un acto de Adoración (Proskuneo). Postrado, arrodillado en la presencia de Dios, esperando recibir un milagro del Señor. (Salmo 95:6; Neh. 8:6)

6. **ZAMAR.** Significa hacer ritmo y música. Tocar con los dedos de las manos un instrumento musical. Hacer música con fuerza, con vigor, con entusiasmo, con sentimiento. (Salmo 57:9; 105:2; 108:3).

7. **TEHILLAH.** Es la forma más exaltada de Alabanza al Señor. Es Alabar al Señor con un cántico nuevo, un canto no aprendido previamente de memoria. Es el cántico en el espíritu. También es un canto profético.

Como vemos, el concepto de la alabanza tiene que ver con el culto a Dios. A través de ella podemos expresar audiblemente nuestro amor y gratitud al Señor, reconocer y expresar sus atributos, sus virtudes, sus misericordias, sus obras, sus maravillas, su salvación, etc. Y no solo con palabras y expresiones corporales, como lo es el aplaudir, o levantar las manos, sino que también podemos intensificar el sentido de la alabanza cuando lo hacemos cantando, utilizando todo instrumento musical y de percusión, como lo dice el Salmo 150. De ahí la importancia que tiene dentro del ceremonial de los hijos de Dios. Es parte intrínseca de la verdadera adoración a Dios. Es el acto externo más expresivo del verdadero adorador, que lleno de fervor, de amor y de alegría por su Redentor, se lo manifiesta "en medio de la congregación" (Salmo 22:22).

Como parte que es del culto a Dios y de nuestra comunicación con Él, también, en su forma hablada, la podemos y la debemos utilizar cuando oramos. La alabanza es, pues, el preámbulo para entrar en la presencia de Dios, sea que la declaremos audiblemente, o que lo hagamos a través de la música y de los cánticos espirituales. Pablo nos lo confirma en su carta a los Efesios:

> 19 hablando entre vosotros con salmos, con himnos y cánticos espirituales, cantando y alabando al Señor en vuestros corazones;
> 20 dando siempre gracias por todo al Dios y Padre, en el nombre de nuestro Señor Jesucristo.
> *Efesios 5:19, 20.*

Diferencia entre Adoración y Alabanza

La forma tradicional de nombrarle al acto de cantar alabanzas a Dios, como parte del programa dominical o entre semana en las iglesias, era "el tiempo de los cantos o de las alabanzas." Este era un tiempo formal de cantar cánticos de los himnarios. Aparte se podía cantar, en alguna otra parte del culto, otro tipo de alabanzas a los que se les daba el nombre de "coritos" o simplemente "coros," los cuales eran estribillos repetitivos, y se repetían tantas veces a discreción del que dirigía.

Sin embargo, con el "nuevo estilo" adoptado en los 70's, se impuso la idea, y así se entendía (hasta el día de hoy), que cantar alabanzas, significaba cantar canticos de júbilo (en Hebreo *Shabach*, expresiones de júbilo y victoria), muy rítmicos y emotivos, llenos de gozo y alegría. Por lo tanto, así se definía la alabanza. Mientras que a los coros o cánticos y reverenciales se les identificaba como "adoración," los cuales eran rítmicamente lentos y solemnes, a diferencia de los de alabanza, aunque también son alabanzas. Ya vimos anteriormente que la adoración significa varias cosas, entre las cuales se encuentra el concepto de la "alabanza."

La alabanza, es pues, una forma de adoración. De modo que la adoración representa un conjunto de expresiones y actitudes de parte del adorador hacia Dios. Y también podemos dar por hecho que es bien conocido el concepto de la alabanza. Sin embargo, es conveniente redefinirla, a la luz de su propio significado.

La Alabanza a Dios es Eterna

Hago mención de estos detalles y los antecedentes de todos estos cambios, debido a que los cantos tradicionales del pueblo de Dios fueron suplantados por "un nuevo estilo de adoración." De hecho, en la actualidad, ya casi no existen los tradicionales "himnarios" que tanto se usaban en las iglesias para alabar a Dios, como si hubieran "pasado de moda." De hecho, la alabanza a Dios nunca pasa de moda. La alabanza a Dios tiene su sello de "garantía de eternidad," pues Dios no cambia. En Él *"no hay mudanza, ni sombra de variación"* (Santiago 1:17). Por lo tanto, la alabanza no está puramente diseñada para cantar acompañados de instrumentos musicales, sino es mucho más amplio su significado, en muchos aspectos.

Capítulo 9
Ayuno "Factor Exponencial"

El Ayuno: "Factor Exponencial"

Cuando ayunen, no pongan cara triste como hacen los hipócritas, que demudan sus rostros para mostrar que están ayunando. Les aseguro que estos ya han obtenido toda su recompensa.
Pero tú, cuando ayunas, perfúmate la cabeza y lávate la cara, para que no sea evidente ante los demás que estás ayunando, sino sólo ante tu Padre, que está en lo secreto; y tu Padre que ve en lo secreto, te recompensará en público.
Mateo 6: 16-18

Si hablamos de la oración como uno de los elementos de la espiritualidad más importantes, junto con el estudio y meditación de las Sagradas Escrituras, no podemos pasar por alto la práctica del ayuno, y para ello comenzaremos entendiéndolo, haciendo uso de las matemáticas, como un factor el cual lleva por nombre "exponentes." Lo explico de la manera más simple: los exponentes en álgebra son una notación abreviada usada para indicar cuántas veces debes multiplicar un número por sí mismo. Por ejemplo, 2 multiplicado o elevado a la tercera potencia, se escribe así 2^3 y se desarrolla así: 2 x 2 x 2. El resultado sería 8, porque 2 x 2 son 4 y 4 x 2 son 8 y así sucesivamente, si el exponente es aún mayor.

Cuando el exponente es indefinido, o sea, muchas veces mayor, el exponente que se le pone al número base es " ^{n} " y se escribe de la siguiente manera: O^n , donde se indica que O equivale a "Oración" y B a Biblia, y si a esos dos factores le sumamos el factor "ayuno" entonces el resultado es "exponencial," lo que matemáticamente lo expresaríamos así: $(\text{Oración} + \text{Biblia} + \text{Ayuno})^n$ = Oración muy poderosa, no en volumen auditivo, sino en esencia espiritual.

Para comprender mejor la idea de lo que representa el ayuno como un elemento agregado a la oración y a la sabiduría bíblica, es que el ayuno nos ayuda a incrementar potencialmente el poder y pureza de nuestra oración. En la práctica de este tipo de búsqueda de una más verdadera y profunda espiritualidad, vamos descubriendo una serie constante de cambios en nuestra "temperatura espiritual," por una razón muy sencilla: mientras más nos acercamos a Dios, el cual está definido bíblicamente como "fuego consumidor" (Isaías 30:30), más se va incrementando nuestra consciencia de la presencia de Dios en nuestro termómetro espiritual. Nuestra manera de vivir la vida va cambiando hacia otras dimensiones mucho más elevadas en donde estas tres disciplinas –Biblia + Oración + Ayuno– sincronizadas, nos conducen a una forma de vida que muchos personajes de la Biblia conocieron como "vivir en la presencia del Señor (1ª Reyes 17:1; 18:15), entendiendo que, "vivir" en la presencia del Señor es bien diferente a "presentarnos" ante su presencia de vez en cuando.

La Disciplina

La disciplina del ayuno presenta varias características tanto de carácter fisiológico así como espiritual, de las cuales estaremos tratando de comprender en las siguientes consideraciones. El ayuno aclara y libera nuestras mentes para entender lo que Dios está diciendo a nuestros espíritus. Esto condiciona nuestros cuerpos para llevar a cabo su perfecta voluntad. Al perseverar a través de las molestias físicas iniciales y mentales, experimentaremos una calma de alma para concentrarnos en las cosas de Dios sin que ni siquiera los apetitos legítimos del cuerpo interrumpan la dulce comunión con el Señor.

Esto fue lo que pasó con el Señor Jesucristo cuando ayunó cuarenta días y cuarenta noches, y lo mismo con Moisés y con Elías. Ellos llegaron a un punto, cuando el ingerir alimento dejó de ser atractivo en comparación de la delicia de la comunión con el Señor. En estas circunstancias, la persona que ayuna se hará más dócil a la guía del Espíritu Santo. Interesante que después de que el Señor Jesucristo terminó de ayunar, dice el Nuevo Testamento en Lucas 4:14 que Jesús volvió en el poder del Espíritu a Galilea, y se difundió su fama por toda la tierra de alrededor. El ayuno trae avivamiento personal y agrega poder a nuestras oraciones. Esto último tiene su explicación en el hecho que ayunando nos ponemos más sensibles a la guía del Espíritu Santo y podemos discernir mejor la voluntad de Dios en determinado asunto y en consecuencia podemos orar a Dios en su voluntad, mas no en nuestra voluntad.

La palabra de Dios garantiza que todas las oraciones hechas en la voluntad de Dios van a ser respondidas favorablemente por Dios. En esto me gustaría señalar que el ayuno no es la forma de torcer el brazo de Dios para obligarle a que haga lo que nosotros queremos. El ayuno no es para chantajear a Dios en otras palabras. Es decir, por poner un ejemplo, un creyente no debería ayunar para obligar a Dios que le haga ganar el premio mayor de la lotería. Confiar en la suerte o en la lotería es pecado y por más que se ayune jamás se logrará que Dios responda a una oración de esa naturaleza. Debe quedar claro entonces que el ayuno no hace que automáticamente cualquier oración nuestra va a ser respondida por Dios favorablemente, pero nos da la oportunidad de concentrarnos en adorar, auto examinarnos delante de Dios, confesar cualquier cosa que esté mal en nuestras vidas, pedir a Dios perdón por ello y discernir la voluntad de Dios para nuestras vidas para pedir a Dios conforme a esa voluntad. En este escenario de cosas, Dios siempre hará algo especial para Ud. bien sea interna o externamente o ambas cosas, cuando Ud. se niega a Ud. mismo y enfoca su amor, adoración, fe, y obediencia solamente en Él.

El centro del ayuno debe ser Dios, no usted. Lo dicho, me lleva a la siguiente reflexión, jamás ayune por ayunar o por ver cómo se siente sin comer, uno o dos o más días. Primero ocúpese en conocer el propósito del ayuno y los beneficios del ayuno y cuando esté convencido personalmente de todo eso, entonces ayune. No caiga en el error de pensar que porque tiene la costumbre de ayunar ya está bien con Dios, sin importar que en su vida quizá no haya pecados visibles, pero se anidan cosas como temor, orgullo, odio, rencor, envidia, chismes, malos pensamientos, ira, es decir pecados que suelen instalarse cómodamente en el corazón de un creyente haciéndose pasar como algo sin importancia.

Cuando ayune, procure buscar un tiempo que se adapte a su horario de trabajo, pues es necesario que tenga tiempos especiales a solas con Dios en oración y meditación en la palabra de Dios. Antes de ayunar, prepárese. Tome conciencia de lo que es el ayuno, establezca un objetivo específico para ayunar. ¿Es por renovación espiritual? ¿Es buscando la guía del Señor? ¿Es por sanidad? ¿Es por la resolución de algún problema? ¿Es por gracia especial para manejar una situación difícil? ¿Es por algún problema o amenaza nacional? Enfocar sobre las metas le ayudará a sostener su ayuno cuando las tentaciones físicas o las presiones de la vida lo empujen a abandonarlo. Esto es en esencia lo que podemos decir sobre el ayuno.

Advertencia

Continúo con una advertencia. Si ha decidido ayunar, tenga mucho cuidado con no jactarse por ello. El ayuno es un asunto entre Dios y Ud. Esto no significa que sea malo que haya otros que deseen acompañarle en el ayuno. Lo que significa es que Ud. no ande por ahí proclamando que está ayunando. Ni tampoco es publicar el ayuno para hacer creer a la gente que el que ayuna es muy espiritual. El que ayuna es susceptible a ceder a la tentación de jactarse de su ayuno. Esto quizá despierte admiración en algunos y eso será la única recompensa que tendrá el que ayuna. Pero habrá perdido la recompensa que puede dar Dios al que ayuna en secreto. En la época de Isaías, era muy popular el ayuno para impresionar a la gente, lo cual no pasaba de ser pura hipocresía religiosa, porque los ayunadores guardaban en su corazón todo tipo de pecado.

Definición de Ayuno

El ayuno es la abstinencia voluntaria del consumo de alimentos sólidos y estimulantes (como cafeína, tabaco y alcohol) por un periodo de tiempo determinado para obtener diferentes beneficios según se pretendan. Además, los ayunos han sido utilizados desde hace miles de años y se siguen utilizando en muchas religiones, ya que se cree que los ayunos ayudan a la personas a depurarse, renovarse y llegar a un nivel espiritual o acercarse más a lo divino.

Uno de los hebraísmos del A.T. que se utiliza como sinónimo del concepto de ayuno es la palabra "afligido," la cual tiene la connotación de aflicción del cuerpo al privarlo de alimentos, y junto con ello otras "formas de aflicción" como era el rasgar sus vestiduras y vestirse con un saco de silicio, y rociarse con ceniza sobre la cabeza.

Beneficio Fisiológico

Esta práctica se ha ganado el descrédito sobre todo en el pueblo de Dios, al grado que son muy pocas las iglesias que la enseñan y la practican. Además existen ciertos tabúes y prejuicios en relación al ayuno a causa de la sintomatología propia de esta disciplina. En realidad, mucha gente desconoce que ayunar, siempre de una forma controlada y equilibrada, puede ser beneficioso para la salud. Cada vez hay más estudios y experiencias clínicas que corroboran los aspectos positivos que tiene no tomar alimentos sólidos con fines terapéuticos. Hay países en los que los médicos llegan a prescribir el ayuno como método de curación en lugar de los medicamentos.

Algunos órganos del cuerpo como el corazón, el aparato digestivo, el sistema cardiovascular, y el sistema nervioso trabajan incesantemente las 24 horas del día, los siete días de la semana, los 12 meses y todos los años de la vida.

Cuando le damos al cuerpo un tiempo de ayuno, en realidad le estamos dando un gran relax, un gran descanso. Descansan en mayor o menor grado todos los órganos del cuerpo. Naturalmente, sus efectos más inmediatos se dejan sentir bien pronto: se siente debilidad y decaimiento físico, en algunos casos un ligero dolor de cabeza; no obstante, nuestro cuerpo realmente comienza a eliminar toxinas, grasas y materiales que afectan a nuestro organismo. El doctor Horne explica lo siguiente: "El ayuno provoca hambre, estrés, y cierto decaimiento físico. En respuesta, el organismo libera más colesterol lo cual le permite utilizar grasa como fuente de energía, en lugar de glucosa." "Esto disminuye el número de adipositos (células de la grasa) en el organismo".

En adición a la información anterior, en la página web www.ayuno.es se nos orienta en cuanto a libros y autores que se han especializado en esta área. Si bien es un fenómeno todavía poco conocido por el gran público, existen múltiples publicaciones dedicadas a tratar el ayuno como acto de salud. Estos son algunos de las más importantes:

El doctor Pablo Saz, uno de los principales autores españoles sobre el ayuno terapéutico, recopila en su publicación *"Ayuno terapéutico"* (Zaragoza: Prensas Universitarias de Zaragoza, 2007), una serie de charlas y conferencias en las que se dedica con gran eficacia, a motivar, desmitificar y hacer comprensible el método del ayuno como terapia. Asimismo, El doctor Otto Buchinger ha atraído a millones de seguidores en varios países gracias a sus métodos del ayuno terapéutico, los cuales lleva practicando durante décadas.

Bajo esta misma disciplina, el doctor Karmelo Bizkarra, licenciado en medicina y director del centro de salud y reposo Zuhaizpe, se dedica desde el año 1980 a buscar y desarrollar nuevas vías en el tratamiento físico y psicoemocional, a partir de su formación inicial en Higiene Vital. A pesar de su reciente aparición, es otro de los manuales indispensables para la iniciación en el mundo del ayuno. Su libro: *El poder curativo del ayuno: Recuperando un camino olvidado hacia la salud.* (Bilbao: Desclée de Brouwer, 2007). Aunque en dicha página vienen muchos otros autores y libros recomendados acerca del ayuno, solo quiero recomendar uno más:

En el libro *"Hambre: Una Historia Antinatural"* de Sharman Apt Russell (York: Basic Books, 2005) explora la fisiología del hambre paso a paso, analizándola en diferentes períodos de ayuno (dieciocho horas, treinta y seis horas, tres días, siete días y treinta días). En una prosa tranquila y elegante, explora ampliamente el hambre como deseo y necesidad.

Tipos de ayuno

Hay diferentes tipos de ayuno y cada uno afecta al cuerpo de forma distinta. Aquí te explico las características de los más comunes.

- **Ayuno largo:** este ayuno se lleva a cabo eliminando completamente las calorías de la alimentación y consumiendo únicamente líquidos como agua natural o infusiones (tés) por semanas o meses, según sea necesario.

- **Ayuno intermitente:** este tipo de patrón implica el consumo de alimentos para después ayunar por periodos de 12 horas o más. La mayoría de las personas que realizan ayunos intermitentes suelen poner horarios específicos en los que consumen alimentos y el resto del tiempo ayunan. Por ejemplo, comer de 8 am a 8 pm para ayunar 12 horas.

- **Ayuno de días alternados:** en inglés este método es llamado fast and feast e implica días de ayuno completo y días de consumo libre de alimentos.

- **Ayuno periódico:** suele ser un ayuno de 1 día a la semana.

- **Ayuno con jugos:** se trata de una restricción de alimentos, más que un ayuno en donde solo se consumen zumos frescos de frutas y verduras. Esto suele hacerse con el objetivo de obtener los beneficios de los nutrientes de los vegetales sin que el cuerpo tenga que hacer una digestión extrema para absorber estos nutrientes, lo que permite que el cuerpo se enfoque en reparar tejidos y nutrirse rápidamente. Algunos piensan que este tipo de dieta (ayuno de carnes y otros alimentos más pesados) fue el realizado por el profeta Daniel y los tres jóvenes hebreos cuando fueron preparados para servir en el palacio del rey de Babilonia, que consistió en consumir una dieta solamente de vegetales y verduras durante un periodo de prueba de prueba de diez días. Al cabo de esos días de prueba resultaron estar mejor nutridos y saludables en contraste con los demás servidores que comían de la mesa del rey (Daniel 1:3-20).

Contraindicaciones

El ayuno puede tener efectos beneficiosos para la salud, pero no es para todos. Las siguientes enfermedades o padecimientos están contraindicados, es decir, que si se padece alguna de los siguientes trastornos de la salud, no se debe practicar:

- Caquexia (estado de extrema desnutrición, atrofia muscular, fatiga, debilidad y anorexia en personas que no están tratando de perder peso activamente.
- Anorexia nerviosa o algún otro trastorno de la alimentación
- Hipertiroidismo no controlado
- Demencia e insuficiencia cerebrovascular avanzada
- Insuficiencia renal o hepática avanzada
- Embarazo y lactancia

Efectos Secundarios

Dependiendo del ayuno que se decida hacer, existen varios efectos secundarios que pueden tener las personas y suelen ser normales en la mayoría de los casos, además de los indicados anteriormente, aunque no necesariamente hay que predisponerse para sentirlos:

- Ligeros dolores de cabeza o aún migrañas
- Hipoglucemias leves (baja en el nivel de azúcar o glucosa)
- Cambios en los niveles de electrolitos (sales como: sodio, calcio, potasio, etcétera.)

- Calambres musculares
- Dolor agudo en la espalda
- Retención de líquidos (disminución en la cantidad de orina)
- Cambios en los patrones de sueño (más profundos)

Cómo realizar un Ayuno Largo

Debido a tantos tipos de ayuno y a la falta de investigación que hay sobre los efectos de los ayunos prolongados para tratar diferentes enfermedades, antes de empezar con un ayuno es crucial acudir con un profesional de la salud experto en el tema para evitar complicaciones.

Alemania es un país que ha visto los beneficios del ayuno para ayudar a mejorar diferentes padecimientos, por lo que se utiliza el ayuno como estrategia de salud pública siguiendo ciertas normas e indicaciones publicadas en una revisión realizada por la Universidad de Berlín donde un grupo de expertos establecieron diferentes directrices para someter a los pacientes a un ayuno.[12]

Antes de Ayunar

Antes de empezar un ayuno es importante que las personas se vayan preparando física y mentalmente. Como se recomienda en el libro Fasting and Eating for Health del Dr. Joel Fuhrman, es importante que antes y después del ayuno se limpie la alimentación (evitar completamente los alimentos procesados) y se reduzcan los alimentos de origen animal, para empezar a preparar al cuerpo en este proceso de depuración.

12 https://www.msn.com/es-es/health/nutricion/5-tipos-de-ayuno-y-c-c3-b3mo-usarlos-a-tu-favor/ar-BBOVEnO

Hay estudios, como en las guías de Alemania para el ayuno como terapia que mencionaba anteriormente, donde se recomienda también hacer una restricción de calorías un día antes, preparar horarios y actividades para tener suficiente tiempo de descansar, hacerse algún tipo de enema y realizar actividad física en una intensidad de leve a normal.

Durante el ayuno

Durante el ayuno es importante tener consciencia de porqué se está haciendo el ayuno y estar pendiente de los cambios fisiológicos que ocurran. Normalmente no es necesario el consumo de suplementos alimentarios, pero en ayunos prolongados se debe mantener una supervisión de los síntomas para evitar deficiencias.

Al terminar el Ayuno

Salir del ayuno es tan importante como el ayuno mismo. Es importante hacerlo de forma lenta y paulatina y se empezará con la introducción de vegetales –un solo tipo y evitando combinar alimentos al principio– de preferencia orgánicos, locales y completamente naturales. Este es un gran momento de identificar cómo responde el cuerpo a diferentes alimentos y a combinaciones sencillas de alimentos para evitarlas en caso de que haya malestar.

Finalmente, es importante mantener una alimentación saludable rica en alimentos basados en plantas, enteros y orgánicos para que los efectos del ayuno permanezcan lo más que se pueda.

Recuerda que no hay tratamientos "milagrosos", más bien hay procesos y tratamientos efectivos siempre y cuando vayan acompañados de cambios de hábitos que a la larga te ayudarán a tener una vida más plena.

En caso de que estés pensando en hacer un ayuno largo consúltalo con un profesional de la salud para asegurarte de que seas un buen candidato y de que lo harás de forma adecuada. Todas estas recomendaciones han sido extractos de la página web www.cuerpomente.com por lo cual deberá entenderse como aportaciones de especialistas en la salud a través de la aplicación de este tipo de terapia para mejorar la salud bajo seguimiento médico por especialistas en este ramo.

Enfoque y Beneficios

La abstinencia de comida por motivos religiosos era requisito de la Ley, únicamente en el día de Expiación (Levítico 16:29, 31; 23:27–32). Más tarde, el ayuno se incluyó en la fiesta de Purim (Ester 4:1–3, 15–17).

Cada persona tenía la libertad de optar por esta práctica (2ª Samuel 12:16, 21–23).

Al regreso del exilio los judíos establecieron cuatro ayunos para recordar los días de la cautividad (Zacarías 7:1–7; 8:19). Y para los tiempos de la completa restauración de Israel también habló el Señor por boca de Ezequiel profeta como vemos:

19 Así ha dicho Jehová de los ejércitos: El ayuno del cuarto mes, el ayuno del quinto, el ayuno del séptimo, y el ayuno del décimo, se convertirán para la casa de Judá en gozo y alegría, y en festivas solemnidades. Amad, pues, la verdad y la paz.
Zacarías 8:19

Jesús aprobó el ayuno, pero hizo serias advertencias sobre su mala práctica, la cual no era para presumir, ni para llamar la atención de los demás (Mt 6.16–18; 9.14–17).

16 Cuando ayunéis, no seáis austeros, como los hipócritas; porque ellos demudan sus rostros para mostrar a los hombres que ayunan; de cierto os digo que ya tienen su recompensa. 17 Pero tú, cuando ayunes, unge tu cabeza y lava tu rostro, 18 para no mostrar a los hombres que ayunas, sino a tu Padre que está en secreto; y tu Padre que ve en lo secreto te recompensará en público.
Mateo 6:16-18

Quizá no suene muy religioso lo que voy a decir, pero el ayuno "no es una ley," tampoco una obligación. Se puede decir que es una "ley no escrita" en el papel, pero escrita en los corazones y en la experiencia de aquellos que aman y se acercan a Dios. Dios lo prescribe solamente en la fiesta del día de la expiación (Yom Kipur) o día del perdón (Levítico 23:27) Pero siempre ha sido una medida inspiracional para buscar más profundamente al Señor. Ha sido una práctica del pueblo de Dios en tiempos de necesidad, de angustia, de enfermedad, de amenaza o destrucción a través de los siglos. Observamos esta práctica en varios patriarcas, profetas, apóstoles y padres de la iglesia.

Esta práctica es una disciplina bíblica de carácter espiritual, que le sirve al creyente...

- Como un sacrificio vivo, corporal. Para renovación. Romanos 12:1, 2

- Para darle muerte a los deseos de la carne y santificarse. Romanos 8:13

- Como una negación a las obras de la carne (mortificar –dar muerte). Romanos 8:13

- Para buscar el poder de Dios, el bautismo del Espíritu Santo.

- Para buscar mayor unción y echar fuera demonios con autoridad espiritual. Mateo 17:21

- Para humillarse y arrepentirse ante la presencia del Señor.

- Para intensificar el nivel de nuestro clamor a Dios (2ª Corintios 11:27).

- Para buscar la dirección de Dios en decisiones importantes (Hechos 14:23).

- Para concentrar más nuestra atención sobre ciertas necesidades especiales unidas a la oración.

- Para buscar la santidad de Dios. Mayor consagración y santificación para Dios.

- Como señal de dolor, de tristeza y de luto.

Beneficios Espirituales

Ya hemos leído líneas atrás acerca de los beneficios físicos que podemos obtener si hacemos una práctica bien balanceada del ayuno. Pero viendo los beneficios espirituales que podemos alcanzar a través de disciplinar nuestra mente y cuerpo con esta práctica, podemos darnos cuenta que cuando Dios ve la intención de nuestro corazón, lograremos alcanzar muchas victorias, que de otra manera no podrán ser ganadas.

- Nuestro crecimiento espiritual irá de poder en poder (Salmo 84:7)

- Iremos madurando hasta vivir una vida de perfección y madurez (Hebreos 6:1)

- Nuestras oraciones se hacen más poderosas, aun en el silencio.
- Dios no desprecia al corazón contrito y humillado (Salmo 51:17)
- Tendremos victoria sobre nuestras flaquezas y debilidades (2ª Cor. 12:10)
- Nuestra fe se fortalece y podemos ver la mano de Dios en nuestra vida.
- Nuestro entendimiento se amplifica y alcanzamos nuevas revelaciones.
- Alcanzamos mayor discernimiento y autoridad espiritual.
- Alcanzamos a ver mayores manifestaciones del poder de Dios.
- Nos volvemos más humildes mientras más nos acerquemos a Cristo.
- Nuestra intercesión por otros será más poderosa.
- Nuestra percepción espiritual se amplifica.
- Lograremos ver en vida, cosas que ojo no ha visto... (1ª Corintios 2:9)

El Ayuno como una Ofrenda o Sacrificio

Uno de los prejuicios que tienen algunos en cuanto a la oración es que la ven como un castigo o como un sacrificio, cuando debiera de ser vista como un deleite estar en oración, en adoración o contemplación ante la presencia del Señor. Pero si queremos ser fieles a la verdad no podemos decir lo mismo del ayuno, porque dejar de comer por una, dos o más comidas, realmente es un castigo y sacrificio para el cuerpo, porque es parte del sustento y mantenimiento de la vida. Sin embargo, la Biblia dice al respecto:

> [1] Por lo tanto, hermanos, tomando en cuenta la misericordia de Dios, les ruego que cada uno de ustedes, en adoración espiritual, ofrezca su cuerpo como sacrificio vivo, santo y agradable a Dios. [2] No se amolden al mundo actual, sino sean transformados mediante la renovación de su mente. Así podrán comprobar cuál es la voluntad de Dios, buena, agradable y perfecta.
> *Romanos 12: 1, 2 NVI*

Una de las armas más poderosas para luchar contra los hábitos pecaminosos que nos afectan espiritualmente es precisamente, el ayuno perfectamente fundamentado en la Palabra de Dios y de la mano de la práctica de la oración en todas sus expresiones, pero principalmente cuando estamos conscientes de ciertos hábitos arraigados en nuestra mente, como lo son el hábito de hablar profiriendo maldiciones, fumar, alcoholismo, drogadicción o de otro tipo, como las adicciones sexuales, pornografía, o desviaciones sexuales de todo tipo.

Cuando no podemos vencer nuestras debilidades, nuestra flaqueza o nuestra impotencia, Dios nos ha provisto de este recurso para vencer en el Nombre del Señor. Inclusive, cuando hay situaciones difíciles de vencer, ahí está el recurso divino de la abstinencia, es decir, del ayuno en cualquiera de sus modalidades, según la magnitud de las circunstancias. Mateo nos narra un caso de liberación que no pudieron resolver los discípulos de Jesús: se trataba de echar fuera un espíritu maligno de un muchacho que padecía de ataques provocados por un espíritu inmundo. Después que Jesús resolvió el problema, sus discípulos le preguntaron aparte:

[19] Viniendo entonces los discípulos a Jesús, aparte, dijeron: ¿Por qué nosotros no pudimos echarlo fuera? [20] Jesús les dijo: Por vuestra poca fe; porque de cierto os digo, que si tuviereis fe como un grano de mostaza, diréis a este monte: Pásate de aquí allá, y se pasará; y nada os será imposible.
[21] Pero este género no sale sino con oración y ayuno.
Mateo 17:14-21

Hombres y Mujeres que Ayunaron en La Biblia

Ayunar es una práctica muy común en el pueblo de Dios a través de todos los tiempos. Muchos ejemplos hay en la Biblia de hombres y mujeres que lo practicaban como parte ordinaria de sus vidas, naturalmente, en circunstancias muy especiales como las que veremos a continuación:

El Ayuno de Moisés: 40 días. Pienso que Moisés no premeditó que tendría que meterse en una larga jornada de ayunos, no solo una vez, sino inclusive dos veces. No lo hizo por devoción sino por llamamiento. Fue por atender un compromiso con el más alto Rey y Señor del Universo. Todo el sustento de lo que implicaba subir al "Monte de Jehová" quedarían a cargo del Señor. No pan, no agua durante cuarenta días y cuarenta noches. Moisés fue sustentado con la Gloria de Jehová.

El Ayuno de una Nación. Judá ayunó y Dios hirió un ejército. El Rey Josafat de Judá se enfrentó a una prueba enorme. Un gran ejército, formado por soldados de muchas naciones, invadió su reino. ¿Cómo reaccionó Josafat? 2ª Crónicas 20:3-4 revela, "Entonces él tuvo temor; y Josafat humilló su rostro para consultar a Jehová, e hizo pregonar ayuno a todo Judá. Y se reunieron los de Judá para pedir socorro a Jehová: y también de todas las ciudades de Judá vinieron a pedir ayuda a Jehová".

La nación entera ayunó, buscando la intervención de Dios. Cuando vio su actitud humilde, Dios respondió. Les dijo que no temieran, que salieran al encuentro del ejército invasor y confiaran en que Dios iba a resolver las cosas. Al día siguiente, Josafat y el pueblo descubrieron que Dios de hecho había intervenido. ¡Todo el ejército fue muerto! Dios en realidad volvió al ejército contra sí mismo, y ninguno quedó vivo.

En muchas de las batallas de Israel en el desierto Dios peleó por ellos, y lo sigue haciendo hoy en día. Las guerras de Israel no solo fueron militares, sino también espirituales, como en la batalla contra los amalecitas (Éxodo 17:8-16). Dios sigue interviniendo a favor de su pueblo Israel, y por lo que Dios ha dicho sobre la batalla de Gog y Magog, Dios intervendrá directamente para derrotar a todos sus enemigos (Ezequiel 38 y 39).

El Ayuno del Profeta Elías: 40 días. También Elías, el profeta de fuego, ayunó en un momento crucial de su vida. Elías, después de derrotar a 450 profetas de Baal que habían desafiado al Dios de Israel, escapaba de Jezabel, una reina enemiga, quien lo perseguía para matarlo. El cansado profeta deseó morir, se sintió solo y se quedó dormido. Un ángel lo despertó y le dio comida.

> "Se levantó, pues, y comió y bebió; y fortalecido con aquella comida caminó cuarenta días y cuarenta noches hasta Horeb, el monte de Dios".
>
> *1ª Reyes 19:8*

Luego de estos cuarenta días de ayuno, vino a él palabra de Jehová, en el mismo lugar donde Dios se reveló a Moisés. Algunos días más adelante, Moisés estaba siendo arrebatado a los cielos, en un carruaje de fuego en medio de un torbellino. Hasta la fecha allá está en la presencia del Señor.

El Ayuno del Profeta Daniel: 21 días. Daniel fue uno de los nobles que fueron llevados en cautiverio a Babilonia por el rey Nabucodonosor. Desde que fueron escogidos, él y otros tres jóvenes hebreos, comenzaron a tener problemas con el asunto de la alimentación babilónica, y ellos solicitaron comer una dieta a base de legumbres durante 10 días, después de los cuales su semblante era mucho mejor que los demás que llevaban una "dieta completa." Al parecer Daniel y sus tres compañeros eran muy cuidadosos en sus hábitos de comer, de orar tres veces al día y de ayunar en situaciones en que sus vidas estaban en peligro. Pero el caso específico de Daniel narrado en Daniel 10, narra la historia de los acontecimientos que tuvieron lugar durante el reinado de Ciro, rey de Persia, en los cuales tuvo una de las revelaciones más grandes de su vida: una teofanía que es descrita por otros profetas como Ezequiel y Juan el Teólogo, en la que al parecer era el "Hijo de Dios" en persona, para revelarle lo que habría de suceder con Israel en el fin de los tiempos (Daniel 10:14). Se dice que el libro de Daniel es el Apocalipsis del Antiguo Testamento. Pero todo esto sucedió poco después de haber ayunado veintiún días:

1 En el año tercero de Ciro rey de Persia fue revelada palabra a
Daniel, llamado Beltsasar; y la palabra era verdadera, y el conflicto
grande; pero él comprendió la palabra, y tuvo inteligencia en la
visión. 2 En aquellos días yo Daniel estuve afligido por espacio de
tres semanas. 3 No comí manjar delicado, ni entró en mi boca carne
ni vino, ni me ungí con ungüento, hasta que se cumplieron las tres
semanas.

Daniel 10:1-21

El Ayuno de Nehemías. Cuando Nehemías escucha en Babilonia que los muros de Jerusalén están en ruinas, se lamenta, ayuna y ora. La Biblia dice:

"Y me dijeron: El remanente, los que quedaron de la cautividad, allí en la provincia, están en gran mal y afrenta, y el muro de Jerusalén derribado, y sus puertas quemadas a fuego. Cuando oí estas palabras me senté y lloré, e hice duelo por algunos días, y ayuné y oré delante del Dios de los cielos"

(Neh.1:3-4).

Si usted lee el libro de Nehemías se dará cuenta que Dios lo bendijo y restauró las puertas, los muros y el templo de Jerusalén, y también instituyó de nuevo el servicio en el templo del Señor.

El Ayuno de la Reina Ester. Este fue un caso muy especial, por tratarse de una conspiración para exterminar a los judíos en la época en que reinaba el rey Asuero, en Susa, capital del reino de los Medo-Persas.

12 Y dijeron a Mardoqueo las palabras de Ester. 13 Entonces dijo
Mardoqueo que respondiesen a Ester: No pienses que escaparás
en la casa del rey más que cualquier otro judío. 14 Porque si callas
absolutamente en este tiempo, respiro y liberación vendrá de alguna
otra parte para los judíos; mas tú y la casa de tu padre pereceréis. ¿Y
quién sabe si para esta hora has llegado al reino?
15 Y Ester dijo que respondiesen a Mardoqueo: 16 Ve y reúne a todos
los judíos que se hallan en Susa, y ayunad por mí, y no comáis
ni bebáis en tres días, noche y día; yo también con mis doncellas
ayunaré igualmente, y entonces entraré a ver al rey, aunque no sea
conforme a la ley; y si perezco, que perezca. 17 Entonces Mardoqueo
fue, e hizo conforme a todo lo que le mandó Ester.

Esther 4:16-17

El Ayuno de David: 7 días. El rey David ayunó cuando el hijo recién nacido de su unión adúltera con Betsabé enfermó de muerte, como castigo por el adulterio de David y su participación en la muerte del esposo de Betsabé, Urías el heteo. Fueron días de duelo e intercesión para David, por la vida de aquel pequeño, pero ya Dios había determinado su suerte. Una vez que le avisaron que ya el bebé había muerto, David decidió que ya era por demás seguir ayunando y clamando, y se levantó de su ayuno. Este se puede decir que fue un ayuno "no contestado," por más que David oró, clamó, gimió, ayunó, se quebrantó, etc. pero fue durante los días que no eran muy agradables las obras de David, por lo que no contó con el favor de Dios (2

Samuel 12:15-25). Sin embargo, hay constancia de que David lo practicaba devocional y ocasionalmente lo hacía cuando había que interceder por alguien en situaciones especiales, como un acto de humillación voluntaria. Leemos…

"Pero yo, cuando ellos enfermaron, me vestí de cilicio;
afligí con ayuno mi alma, y mi oración se volvía a mi seno"
(Salmo 35:13)

El Ayuno de la ciudad de Nínive. Nínive era la capital del imperio Asirio. Dios había determinado hacer juicio contra todos los moradores de esa tierra y destruirla. Pero Dios les dio una última oportunidad de enderezar sus caminos y les envió a su mensajero, el profeta Jonás. La reacción inmediata del rey y su gobierno fue la de proclamar ayuno a todos los habitantes de la gran ciudad.

[5] Y los hombres de Nínive creyeron a Dios, y proclamaron ayuno,
y se vistieron de cilicio desde el mayor hasta el menor de ellos. [6]
Y llegó la noticia hasta el rey de Nínive, y se levantó de su silla,
se despojó de su vestido, y se cubrió de cilicio y se sentó sobre
ceniza. [7] E hizo proclamar y anunciar en Nínive, por mandato
del rey y de sus grandes, diciendo: Hombres y animales, bueyes y
ovejas, no gusten cosa alguna; no se les dé alimento, ni beban agua;
[8] sino cúbranse de cilicio hombres y animales, y clamen a Dios
fuertemente; y conviértase cada uno de su mal camino, de la rapiña
que hay en sus manos. [9] ¿Quién sabe si se volverá y se arrepentirá
Dios, y se apartará del ardor de su ira, y no pereceremos?
Jonás 3:5-9

El resultado del perdón de Dios a Nínive no fue tan solo el que el Rey y el pueblo escucharan el mensaje. Fue la reacción que tuvo la nación en relación con el mensaje. Todos ayunaron y pidieron clemencia, Hombres y animales, bueyes y ovejas. Si el propósito del ayuno no es que Dios continúe obrando en la vida de cada cual, de tal manera que haya un cambio, un verdadero arrepentimiento, un cambio de día en día y sea diferente al que era antes, de nada sirve. Si no se acepta a Jesucristo como Salvador para vivir una vida de santidad agradando a Dios y sirviéndole en Espíritu y en Verdad, donde el "Yo" muera, para que Cristo viva y tenga total control de la vida, de nada sirve la convocatoria. Nínive ayunó, clamó, se arrepintió y se humilló, pero se convirtió de su mal camino. Hubo un cambio real en cada uno de ellos. Fue tan genuino aquel acto que Dios vio que se habían arrepentido de su mal camino. Entonces, Dios se arrepiente del mal que había pensado y perdonó a aquella generación.

El Ayuno de Jesús: 40 días y 40 noches. Antes de iniciar su ministerio de aproximadamente tres años de duración, Jesús se retira a la soledad del desierto, ayunando por cuarenta días, luego de los cuales fue tentado tres veces por el diablo (Mateo 4:2). "Y no comió nada en aquellos días, pasados los cuales tuvo hambre" (Luc.4:1-2).

Toda su vida estuvo inspirada por una íntima comunión con el Padre, ante lo cual Él anteponía por encima aún de las necesidades básicas de la vida como lo es el alimentarse, pues su prioridad era "hacer la voluntad de su Padre.

31 Entre tanto, los discípulos le rogaban, diciendo: Rabí, come.
32 El les dijo: Yo tengo una comida que comer, que vosotros no sabéis
33 Entonces los discípulos decían unos a otros: ¿Le habrá traído alguien de comer?
Jesús les dijo: Mi comida es que haga la voluntad del que me envió, y que acabe su obra.
Juan 4:34

Esto fue lo que pasó con el Señor Jesucristo cuando ayunó cuarenta días y cuarenta noches, y lo mismo con Moisés y con Elías. Ellos llegaron a un punto, cuando el ingerir alimento dejó de ser prioritario para darle fiel seguimiento a su compromiso con su Señor. En estas circunstancias, la persona que ayuna se hace más dócil a la guía del Espíritu Santo. De hecho, todo su ministerio estuvo impregnado de Su Palabra Viva, de días y noches de oración sencilla, objetiva, humilde, pero transformadora, y si para alcanzar los grandes retos que su misión divina implicaba era ayunar, con toda entereza aplicaba todas las fuerzas de su alma hasta la muerte, como un día glorioso lo demostró.

El Verdadero Ayuno

La actitud Incorrecta

En esta época de humanismo, en que mucho de la mercadotecnia gira en torno a explotar el orgullo y la vanidad de los seres humanos, circulan a través de las redes sociales una enorme gama de ofertas ofreciendo mejorar "la silueta," "perder muchas libras" de sobrepeso, mejorar las dietas, etc. ofreciendo "un cuerpo ideal" sea para hombres o para mujeres. En muchos de los métodos dietéticos introducen cierto tipo de ayunos con jugos, con vegetales, absteniéndose –ayunando– de comer carnes rojas, pan, pastas, o alimentos que contengan carbohidratos o grasas, y puede ser que desde el punto de vista del factor salud todo esté bien controlado. Naturalmente, nada va enfocado al aspecto espiritual. Otros especialistas en nutrición llegan a implementar ciertas prácticas orientales como la práctica del yoga o disciplinas de autocontrol. Como vemos, Dios está fuera de su contexto y nada tiene que ver con las necesidades del alma. Por lo tanto, las actitudes de referencia cumplen con las expectativas de mucha gente porque lo único que persiguen es "mejorar su silueta." Algunos lo logran, otros lo logran a medias, y otros tantos no lo logran nunca. Si de alguna manera practicaron el ayuno, no tienen nada que ver con Dios.

Mucha otra gente, incluyendo entre ellos a muchos cristianos, cuando ayunan lo hacen con propósitos incorrectos, pues se enfocan en pretensiones de enriquecimiento, movidos por la avaricia y el amor al dinero. Otros por motivaciones materiales o por pedir cosas que no van de acuerdo con la voluntad de Dios.

3 ¿Por qué, dicen, ayunamos, y no hiciste caso; humillamos nuestras almas, y no te diste por entendido? He aquí que en el día de vuestro ayuno buscáis vuestro propio gusto, y oprimís a todos vuestros trabajadores. 4 He aquí que para contiendas y debates ayunáis y para herir con el puño inicuamente; no ayunéis como hoy, para que vuestra voz sea oída en lo alto.
Isaías 58:3, 4.

La Actitud Correcta

Las personas en el mundo ayunan por muchas razones, pero casi ninguna lo hace con la actitud correcta. Ellos ayunan para hacer declaraciones políticas, o por ésta o aquella causa. O ayunan para forzar su voluntad sobre Dios. Durante un ayuno, debemos buscar la voluntad de Dios – ¡no la nuestra! Entonces ¿Qué clase de actitud es la que Dios busca? La segunda mitad de Isaías 66:2 revela la respuesta: "...pero miraré a aquel que es pobre y humilde de espíritu, y que tiembla a mi palabra". Isaías también registra lo que Dios pide para el ayuno:

" 6 ¿No es más bien el ayuno que yo escogí, desatar las ligaduras de impiedad [huir del pecado], soltar las cargas de opresión [pruebas y tribulaciones]... y que rompáis todo yugo [la esclavitud del pecado]?"
Isaías 58:6

El ayuno es una gran herramienta de liberación, cuando usted está limitado por el pecado.

Claves para un ayuno eficaz

Ayune con frecuencia: Lea 2ª Corintios 11:27. Mientras más ayune, más fácil será. Su cuerpo se irá acostumbrando a esto. En un sentido, la práctica hace la perfección. Mientras más ayune, más eficaz será. Pero tenga en cuenta que la actitud, no la frecuencia, es lo que verdaderamente cuenta.

Un día a la vez: Un ayuno efectivo debe continuar durante al menos 24 horas, haciendo que usted pierda al menos dos o tres comidas. A veces, sin embargo, un ayuno más largo – de 2 o 3 días – puede ser necesario, dependiendo del grado de necesidad que cada quien tenga y proponga en su corazón. Si este es el caso, no se enfoque en la duración del ayuno – sólo hará que parezca más largo. Y use la sabiduría. Sólo ayune por un periodo mayor de tres días si sigue asesoramiento espiritual. Su ayuno puede empezar a cualquier hora, pero es más natural hacerlo de atardecer a atardecer. Además, recuerde que ayunar por una semana no necesariamente lo hace más espiritual que alguien que sólo ayunó por un día.

Haga el tiempo: El ayuno es raras veces conveniente. Usted debe sacar el tiempo para hacerlo. A veces, puede ser necesario llevar a cabo sus tareas diarias. Puede ser que usted tenga que trabajar. Pero el ayuno es mejor que se produzca en el tiempo libre. Ocasionalmente, el día de reposo puede ser utilizado como día de ayuno. Pero esto no es ideal, porque el día de reposo es un día de fiesta. De cualquier manera, usted debe hacer su propósito siguiendo la dirección de Dios.

Use otras herramientas con el ayuno: Perder el tiempo que invierte en el ayuno – sin estudiar, orar o meditar – reduce al ayuno a una simple huelga de hambre. Recuerde doblar al menos la cantidad de oraciones, estudio de la Biblia y la meditación que hace normalmente. Triplicarlos puede ser mejor. Si el ayuno es por una razón particular, asegúrese de revisar todas las escrituras que se aplican.

Prepárese adecuadamente: Un día o dos antes de comenzar el ayuno, reduzca la cantidad de alimentos que come. Hartarse antes del ayuno no es prudente. Usted puede experimentar dolores de cabeza, debido a la falta de cafeína (especialmente si usted es un fuerte bebedor de café o bebidas gaseosas). Reduzca el consumo de estas bebidas con anticipación. También podrá experimentar mareos y mal aliento. Tenga en cuenta que su cuerpo va a estar eliminado toxinas; beber mucha agua antes de comenzar ayudará. Al reanudar la comida, comience con alimentos ligeros. No coma pesado de inmediato. Igualmente, usted podrá tomar un poco de agua intermitentemente durante el tiempo que ayune. El agua no es alimento. Si puede prescindir de ella, también está bien.

Tenga la apariencia adecuada: Recuerde lo que Cristo dijo en Mateo 6:16-18. Báñese o dúchese como usted lo haría normalmente. Peine su cabello. Vístase y actúe normal. Lavarse los dientes es permitido. Nadie debería poder decir a causa de su apariencia que usted está ayunando – sólo Dios debería saber.

En los versículos 1-4, Dios condena a aquellos que ayunan por motivos egoístas, toman placer en su propio ayuno, o tienen una agenda política. Estas actitudes no son aceptables para Él. Estos tipos de ayunos no son más que huelgas de hambre.

El ayuno siempre debe lograr un buen fin. Debe ayudarle a ver que usted no es más que carne débil. Debe ayudarle a ver la necesidad de ayudar y servir a otros (vs. 7). Si usted ayuna con una actitud correcta, Dios promete grandes bendiciones (vs. 8-12).

Note como Dios confrontó a los hipócritas religiosos.

> "¿Por qué, dicen, ayunamos, y no hiciste caso; humillamos nuestras almas, y no te diste por entendido? He aquí que en el día de vuestro ayuno buscáis vuestro propio gusto, y oprimís a todos vuestros trabajadores. He aquí que para contiendas y debates ayunáis, y para herir con el puño inicuamente; no ayunéis como hoy, para que vuestra voz sea oída en lo alto. ¿Es tal el ayuno que yo escogí, que de día aflija el hombre su alma, que incline su cabeza como junco, y haga cama de cilicio y de ceniza? ¿Llamaréis esto ayuno, y día agradable a Jehová?
> ¿No es más bien el ayuno que yo escogí, desatar las ligaduras de impiedad, soltar las cargas de opresión, y dejar ir libres a los quebrantados, y que rompáis todo yugo? ¿No es que partas tu pan con el hambriento, y a los pobres errantes albergues en casa; que cuando veas al desnudo, lo cubras, y no te escondas de tu hermano?
> Entonces nacerá tu luz como el alba, y tu salvación se dejará ver pronto; e irá tu justicia delante de ti, y la gloria de Jehová será tu retaguardia. Entonces invocarás, y te oirá Jehová; clamarás, y dirá él: Heme aquí. Si quitares de en medio de ti el yugo, el dedo amenazador, y el hablar vanidad." Isaías 58:3-9

Esta es una severa advertencia de Dios, hecha hace siglos, pero tan pertinente para el día de hoy. Cuidado con esconder pecado detrás del ayuno. El rito no tiene poder para limpiar el corazón.

¿Hay algo Más?

Ante la interrogante de si hay algo más allá de las formas tradicionales de oración que conocemos, la respuesta a esta pregunta la encontramos en la Palabra de Dios y fue ordenada por el autor y consumador de la fe, Cristo Jesús. Es sencilla la respuesta: "orad sin cesar," la cual está asociada con otros términos y características ya explicados páginas atrás: es en el espíritu, incesante, perseverante, prevaleciente, sin fin, en el silencio, en el reposo, es secreta, continua, constante, eficaz, transformadora, trascendente, contemplativa, y muchas más cualidades.

Nuestra mente racional hace patente su apelación –reclamo– diciendo que en términos humanos "no es posible," a lo cual podríamos agregar una indeseable lista de prejuicios o encontrarnos con otra peor lista de obstáculos. Bueno, el Gran Maestro de la oración –Jesús– "*...mirándolos, les dijo: Para los hombres esto es imposible; mas para Dios todo es posible*" (Mateo 19:26). De otra manera no nos hubiera enseñado algo imposible. Esta es la clase de oración que necesitamos aprender, incorporándola a todo lo que ya de antemano sabemos. Esto es ir más allá de nuestras propias limitaciones.

La espiritualidad es un proceso a "largo plazo." Algunos pueden identificar su nivel con el "comienzo" en su etapa de iniciación –infancia espiritual–, mientras que otros se pueden ver con una "espiritualidad promedio" es decir, con cierto grado de desarrollo y madurez espiritual –adolescencia espiritual. Y el nivel más elevado al que el Señor quiere llevarnos mediante la guianza de su Santo Espíritu es la madurez y la perfección espiritual.

1 Por tanto, dejando ya los rudimentos de la doctrina de Cristo, vamos adelante a la perfección; no echando otra vez el fundamento del arrepentimiento de obras muertas, de la fe en Dios,
2 de la doctrina de bautismos, de la imposición de manos, de la resurrección de los muertos y del juicio eterno.
3 Y esto haremos, si Dios en verdad lo permite.
Hebreos 6:1-3

Reacción Intelectual

Este es el tipo de oración que casi no practicamos, porque la desconocemos. Conocemos lo básico, lo elemental de la oración La oración en el espíritu viene siendo como "el otro lado de la moneda." San Pablo dijo: *12 Ahora vemos por espejo, oscuramente; mas entonces veremos cara a cara. Ahora conozco en parte; pero entonces conoceré como fui conocido* (1ª. Cor. 13:12).

Si no conocemos su metodología y su praxis, es porque nadie nos la ha enseñado. Es penoso decirlo, pero en una gran mayoría de colegios teológicos no se enseña, y si así fuera, tan solo se menciona muy superficialmente, relacionándola únicamente con la oración discursiva. Inclusive, cuando se hace alusión a ella, se le menciona con una connotación negativa y de descalificación, atribuyéndose esta forma de oración –contemplativa– a los antiguos monjes ascetas encerrados en sus monasterios o identificándola con viejos ermitaños y anacoretas.

No obstante, algunos grupos de creyentes la han conocido y la han experimentado durante siglos. Hoy, desafortunadamente, la tienen herméticamente atesorada, como un secreto monopolizado, guardándola celosamente para sí mismos dentro de sus bibliotecas, sin enseñarla a sus congregaciones, en contraposición a lo que Jesús enseñó y ordenó a sus discípulos. Una cosa es conocerla y otra practicarla. No quiero decir que no haya nadie que conozca esta forma tan especial de orar, pero son tan raras y pocas las personas que la viven, que son algo así como una especie en extinción. Jesús determinó:

14 Vosotros sois la luz del mundo; una ciudad asentada sobre un monte no se puede esconder. 15 Ni se enciende una luz y se pone debajo de un almud, sino sobre el candelero, y alumbra a todos los que están en casa. 16 Así alumbre vuestra luz delante de los hombres, para que vean vuestras buenas obras, y glorifiquen a vuestro Padre que está en los cielos.
Mateo 5:14-16

Por tanto, todo lo que habéis dicho en tinieblas, a la luz se oirá; y lo que habéis hablado al oído en los aposentos, se proclamará en las azoteas.
Lucas 12:3

A diferencia de la oración tradicional que hemos aprendido y que a veces o con frecuencia practicamos –en el mejor de los casos, – consideraremos varios aspectos de la oración incesante, para saber cómo consumarla ante los eventuales factores que nos podrían hacer desistir de conquistarla. Para ellos nos apoyaremos en la experiencia de algunos eruditos muy experimentados en esta maravillosa experiencia.

Para no detenernos en la impotencia generada por el conformismo y la esterilidad espiritual y poder encontrar la respuesta a la interrogante de si es que "habrá algo más" en el desarrollo de nuestra vida espiritual, es decir, más allá de lo que hemos aprendido o experimentado, el autor de este tratado ha completado otro estudio dedicado a los verdaderos adoradores, que aman, buscan y adoran al Padre en espíritu y en verdad. El siguiente tratado –que es la continuación del presente, lleva por título "Oración Incesante."

Capítulo 10
Proyectos de Oración

Ideas y sugerencias

Tomando en cuenta la necesidad tan grande que hay de establecer la práctica de la oración como un hábito y disciplina en nuestra vida cristiana, consideraremos algunas opciones que mejor acomoden a nuestro ministerio. Entendiendo que, si el pastor no es un hombre de oración en su vida personal, la iglesia por consecuencia tampoco será una iglesia de oración, ya que el motor de oración en su iglesia es el propio pastor. De esta manera entonces, ya sabemos por dónde empezar. Puede sonar como muy pretencioso lo anterior, pero realmente el hombre sabio y experto en la ciencia de la oración debe ser el pastor, el cual enseñará no solo con sabiduría de Dios, mas "siendo ejemplos de la grey (1ª. Pedro 5:3).

En segundo lugar, es muy recomendable que se incorpore la instrucción sobre los diferentes aspectos de la oración, al cuerpo de enseñanzas fundamentales –doctrina– que se le da a los nuevos convertidos, y hacerlo extensivo a los miembros ya establecidos mediante algún curso, taller o seminario. Por otro lado, se han de crear ejercicios o programas de oración prácticos para involucrar a toda la iglesia, para que aprendan a ejercitarse en el arte de la vida espiritual.

Una tercera recomendación al respecto, es la de establecer *la "cultura" de la oración como "un ministerio" incluyente para toda la iglesia.* Entiéndase bien; no debe ser "opcional," pues en la experiencia, donde hay un programa de oración en determinado día de la semana, de cada 100 personas que se les anuncia, solo asisten solo entre 10 y 15 personas, incluyendo al pastor y a su familia. ¿Porqué? Se debe a tres razones fundamentales:

a). Porque no se les ensenó a orar desde un principio, hay falta de conocimiento, no hay enseñanza.

b). Porque no hay una cultura de oración, no existe un ministerio de oración, no hay motivación ni programas que incentiven esta actividad tan importante.

c). Porque se deja a la libre elección de cada persona, sin que se les involucre en la vida de oración de la iglesia.

Por último, también sería muy conveniente en la creación del ministerio de oración, que se nombre un comité impulsor de oración en vez de un solo líder. Como equipo pueden crear mayor motivación entre la congregación. Ellos pueden consultar entre sí las mejores estrategias y dinámicas de oración para la iglesia, aprobadas por el pastor, planear, darle seguimiento a las actividades y reportar al pastor. Naturalmente, hay flexibilidad en este criterio a discreción del pastor principal. Lo importante es hacer que funcione este engranaje de trabajo y participación de la iglesia en general, y que el pastor delegue este tremendo trabajo.

Dinámicas de Oración

Individual. La comunión personal con Dios en oración es una de las piedras fundamentales de la espiritualidad del creyente. Esta auto disciplina deberá ser establecida de acuerdo a una agenda devocional personal de oración en su casa, siguiendo las recomendaciones dadas en la sección <u>"Orando sin cesar y sin desmayar."</u>

Socios de oración. Esta es la modalidad mencionada por Jesús, en la que dos o tres personas se ponen de acuerdo para establecer un dueto o un trío de intercesores. Ellos (as) tienen ciertas cosas en común, tales como la amistad, parentesco, la cercanía, vehículo, etc., cualidades que las acercan y se da fácil su encuentro. También hacen una agenda en común de reuniones para orar en el hogar o en el templo, por lo menos una vez por semana.

Porque donde están dos o tres congregados en mi nombre,
allí estoy yo en medio de ellos.
Mateo 18.20

Células de oración. A diferencia del sistema de células tradicional, ésta se distingue por ser reuniones semanales específicamente de oración, no de predicación, aunque puede haber flexibilidad y libertad como para adorar a Dios con algún coro, leer alguna porción bíblica devocional y aun la enseñanza de la Palabra de Dios. Lo relevante es la oración intercesora. El ejercicio de la oración debe ocupar el 90% del tiempo de reunión. Esta reunión, sin embargo, tiene un potencial evangelístico para hogares nuevos donde hay necesidades, o para restaurar a la comunión personas y hogares que no han logrado consolidar su vida espiritual. El número de integrantes también goza de flexibilidad, siempre cuando sean pequeños grupos de tres –como el anterior– a diez personas, de acuerdo con la zonificación de la ciudad. Sería muy recomendable que tanto el pastor como los que han de servir como líderes de los grupos conozcan la mecánica de los grupos celulares para un crecimiento más eficiente.

Equipos de intercesión. Estos grupos trabajan con mucha similitud a las células anteriores, pero con la característica de que pueden ser más selectivos, es decir, pueden organizarse equipos de varones casados, de jóvenes solteros, de mujeres, de matrimonios, de adultos mayores –de la tercera edad–.

Brigadas de Oración. Estas están orientadas a formar grupos mixtos de intercesores que vayan a ciertos lugares como hospitales, asilos para ancianos, cárceles, lugares públicos, etc. con el fin de orar específicamente por enfermos, presos, y personas que están en necesidad.

Eventos de Oración

Vigilias de oración. Creo que esta modalidad es muy conocida casi por todo el pueblo de Dios. No obstante, diré que se deberá planear el programa de tal manera, que la oración tenga el mayor énfasis durante las tres horas que ha de durar la vigilia, pues en muchos casos se le da demasiado tiempo a estar cantando, o haciendo participaciones que solo consumen el valioso tiempo, y muy poca atención a lo más relevante del evento que es la oración. Por lo tanto, deberá haber una bien pensada planeación del programa de la vigilia. Algunas iglesias tienen a bien hacer las vigilias por más horas de la noche, para lo cual hay plena libertad.

Aposentos de oración y ayuno. Esta actividad consiste en reunirse en un lugar con suficiente privacidad para estar en oración y ayuno, durante un tiempo regular de dos a tres días. El ayuno puede ser completo (las tres comidas), de un día o dos, o ayunos parciales (de una o dos comidas) dependiendo del propósito de cada persona.

Reuniones de ayuno y oración. Esta actividad puede ser una vez por mes en compañía de otras iglesias, una vez por mes, durante la mañana hasta la 1.00 o 2.00 de la tarde. Puede ser en escenarios al aire libre, espacios abiertos, parques, etc.

Caminatas de oración. Esta es una estrategia de intercesión por barrios, colonias, puntos clave de la ciudad, donde impera el pecado, la prostitución, la droga, la violencia, etc. Los integrantes ya tienen que estar experimentados en la oración intercesora, y toda caminata debe ser seriamente planeada, para conocer específicamente la problemática de la zona donde se realizará la caminata. Para más información sobre estas tácticas de intercesión, vea el apéndice de lecturas recomendadas al final del libro.

Talleres de oración. Estos eventos son por lo general de tres a seis horas de duración, de preferencia en días de descanso –como los sábados–. La temática está orientada a enseñar todo lo relacionado con el ministerio de la oración, así como hacer ejercicios prácticos para que la gente se motive más a la oración.

Conferencias o Seminarios de oración. En la misma forma que se realizan los talleres, se pueden llevar a cabo las conferencias de oración, pero en una forma más amplia y más participativa por parte de los conferencistas. Estas se pueden realizar en los templos, o en algún salón que tenga todas las facilidades para tal efecto. En esos casos, se tendría que cobrar una cuota para cubrir los gastos de alquiler del salón y de los materiales educativos que se distribuyan a los asistentes.

Cruzadas de Oración. En ciertas ocasiones –cuando hablamos de evangelismo– hemos llegado a confundir los términos de cruzadas o campañas haciendo de ellas "conciertos de música, y solo se le deja a la predicación una parte mínima, cuando debiera de dársele el mayor énfasis a la predicación para alcanzar almas para Cristo. Lo mismo podría llegar a suceder si desde un principio no planificamos adecuadamente los términos y metodología. Me explico: el gran énfasis debe enfocarse 100% a estrategias de oración de toda la comunidad participante. Esa comunidad bien podría ser un grupo de iglesias o alianzas ministeriales que acuerdan realizar una cruzada de oración. En este tipo de actividad se pueden establecer estrategias de oración intercesora por los barrios, recorriendo las calles, orando en pequeños o medianos grupos, cubriendo lugares públicos, escuelas, edificios del gobierno, centros comerciales, parques deportivos, etc. orando no tanto por los edificios e instalaciones en sí, sino por la gente en general, para que sean alcanzados para Cristo.

Aunque es muy difícil lograr reunir iglesias o ministerios para trabajar unidos en una estrategia tal, por lo menos se puede intentar reunir a los que de buena fe tengan la intención de interceder en oración por una ciudad o comunidad. Obviamente, este tipo de actividad requiere una planificación y organización especial, dada la diversidad en el pueblo de Dios.

Conciertos de Oración. Al igual que la estrategia anterior, es una actividad colectiva con la participación de varias iglesias, en algún lugar público, tal como un auditorio, o aun al aire libre, donde toda la programación gire en torno a la intercesión por la comunidad, con diferentes participaciones de los pastores dirigiendo oraciones específicas de intercesión.

Retiros/campamentos de oración. Varias iglesias realizan este tipo de actividades, aunque con una temática excelente, para jóvenes, mujeres, varones o parejas, pero... donde la oración tiene muy poca participación. Por lo que la temática debe estar más reforzada por la oración, antes y durante el evento. La ministración por la gente debe gozar de plena libertad en este tipo de eventos. Su duración puede ser de día y medio a dos días y medio según sea planeado.

Días de campo. Esta modalidad puede estar orientada a toda la familia. Cada familia deberá llevar sus propios alimentos. La planeación de esta actividad deberá tener como primordial objetivo la comunión con Dios, la enseñanza y la oración por las familias. Puede ser en algún lugar apropiado para el número de personas que han de asistir, donde se pueda estar al aire libre, en contacto con la naturaleza. La duración–tentativamente– puede ser de cuatro a seis horas. En la planeación del programa se han de tomar en cuenta el lugar, la hora de reunión, de salida, de comienzo y duración, tiempo de exposición temática, tiempo de lunch y esparcimiento y finalización. Es importante contar con servidores voluntarios para cuidar el orden, supervisión y seguridad de los asistentes. Esta actividad puede servir como una estrategia para alcanzar muchas amistades y familias enteras.

Montañas de oración. Esta actividad es específicamente de intercesión por una ciudad o región, es decir, para intercesores. No se recomienda llevar niños por los grados de dificultad del terreno y otros riesgos. Los asistentes deberán haber sido instruidos previamente, en el conocimiento de la oración intercesora y de la oración a solas. Su duración es flexible, desde tres hasta doce horas, incluyendo el trayecto, el desarrollo del programa y el regreso. La frecuencia de esta actividad puede ser por lo menos una vez al año. También puede ser una sola montaña o cambiar de sitio según sea planeada.

Proyectos de Oración Continua. Por otro lado, en la visión de algunos líderes evangélicos, en algunos lugares del mundo, ha surgido el proyecto de establecer "montañas de oración," como parte de su ministerio. Un modelo de este tipo de proyectos es la "Montaña de Oración," en Seúl, Corea. Paul Yonggi Cho es el pastor al cual el Señor le inspiró este proyecto de oración. Describiré algo de este megaproyecto de acuerdo con el breve testimonio de un visitante a ese lugar, consagrado exclusivamente a la oración:

Es un lugar donde la gente se retira a orar, ayunar, hacer vigilias y estar a solas con Dios; alejados del bullicio de la ciudad.

Tiene aproximadamente 540 pequeñas habitaciones ("grutas de oración") con espacio para una sola persona, donde los cristianos se encierran a orar libremente sin inhibiciones; nadie los ve: derraman su corazón ante Dios, a voz en cuello unos y otros sollozando despacio. Día y noche la gente se pasa orando.

En estas grutas de oración se siente la presencia de Dios y uno no quisiera salir nunca y parece que el tiempo se detiene y no se quisiera terminar tan maravillosa comunicación con Dios.

Mi primera noche fue una experiencia inolvidable. Por circunstancias que Dios controla, me quedé fuera del hospedaje (porque allí hay edificios para hospedarse, estudiar y alimentarse) y tuve que descansar en una gruta de oración: tuve una vigilia no planificada por mí, pero sí por el Señor. Esa noche hacía frío, llovía. Se sentía el gotear de la lluvia, los árboles moverse y algunos pajarillos cantar y aún se oía -a distancia- el clamor y el cántico de los fieles. A pesar del frío, se sentía una unción fresca del Espíritu Santo. Este era un ambiente como de un río donde fluye agua fresca o un aguacero refrescante en tanto calor.

En la montaña hay una parte alta del monte donde suelen subir a orar en grupos desde las 10 hasta las 12 de la noche y de 4 a 6 de la madrugada. Al ver que bajaban con el rostro radiantes y satisfechos, me atreví a preguntarle a mi guía el "por qué". Él me contestó: "¡Sube y tú mismo experiméntalo!".

Hay un santuario con capacidad para 10 mil personas -aproximadamente- donde hacen cultos de oración ministrados por pastores, cuatro veces al día, donde interceden por las peticiones de cada visitante y de todo el mundo.

He sabido que en algunos otros países se han desarrollado proyectos similares. Todos ellos han sido concebidos, desarrollados y puestos en plena actividad a partir de una visión que el Espíritu Santo engendró en el corazón de hombres sencillos que descubrieron el mundo maravilloso que hay en una vida de oración.

Lecturas Recomendadas

- **Ayudas para la Oración.** Anthony de Mello. Páginas web.
- **Caminata en Oración.** Steve Hawthorne (Autor), Graham Kendrick (Autor)
- **Compañeros de Oración.** John Maxwell. 1998; Editorial Caribe/Betania
- **Diccionario Westminster de Términos Teológicos.** (McKim, Donald K. Westminster John Knox Press, Lousville, Kentucky, 1996). p.216 en inglés solamente.
- **El Anhelo del Corazón.** Fenelon. 1651-1715
- **El Avivamiento.** Por Charles G. Finney
- **El Ayuno Terapéutico Buchinger.** Wilhelmi de Toledo, Françoise. Barcelona: Herder Editorial S.L., 2003.
- **El Cristiano de Rodillas. El Libro de la Oración.** https://diariosdeavivamientos.wordpress.com/2015/03/14/el-cristiano-de-rodillas-el-libro-de-la-oracion-pdf/ (Libro Gratuito en PDF para imprimir y leer.
- **El Hombre Espiritual.** Watchman Nee (1903-1972). Tres Tomos. https://docs.google.com/viewer?a=v&pid=-sites&srcid=ZGVmYXVsdGRvbWFpbnxlc2N1ZWxhZ-

G9taW5pY2FsZ2VuZXNhcmV0fGd4OjM2ZDhkNjAyM2ZjMWEzYTA

- **El Progreso del Peregrino.** John Bunyan (1628-1688)

- **La Filocalia.** Colección de textos patrísticos sobre la oración espiritual y la guarda del corazón o sobriedad (1749-1809) Venecia; Juan Mavrogordato, Nicodemo el Hagiorita, Macario de Corinto. https://www.ebookscatolicos.com/descargas/descargar-pdf-la-filocalia-icar/

- **La Guía Espiritual.** Miguel de Molinos (1627-1697). Excelente libro de sabios consejos surgidos de la experiencia profunda en la oración contemplativa. http://guiaespiritualdemigueldemolinos.blogspot.com/

- **La Nube del No-Saber.** Anónimo inglés del siglo XIV. https://www.lanubedelnosaber.com/wp-content/uploads/2009/03/la-nube-del-no-saber-anonimo.pdf

- **Una Vida de Sencillez.** François de Salignac de la Mothe Fénelon (1651 – 1715). https://diariosdeavivamientos.wordpress.com/2015/06/20/francois-fenelon-historia-de-la-iglesia-escritores-catolicos-misticos-libro-en-pdf/

- **Método de Oración Práctico y Fácil.** Jeanne Guyon (1648-1717). http://www.tesoroscristianos.net/autores/Madame%20Guyon/Experimentando%20a%20Dios%20a%20Travez%20de%20la%20Oracion.pdf

NOTA: Varias de las obras de esta lista se pueden obtener en el Internet para leer o descargar gratuitamente.

Glosario de Términos y Conceptos

Anacoreta. Religioso que vive solo en lugar apartado, dedicado por entero a la contemplación, la oración y la penitencia. Los anacoretas conocidos ya en tiempo de los judíos comenzaron a extenderse desde los principios del cristianismo y se multiplicaron durante los siglos II y III a causa de las persecuciones, refugiándose gran número de ellos en la Tebaida (Egipto). Pensaban que apartándose de la sociedad humana, obedecían además el mandato cristiano de «no ser parte del mundo».

Apologética. La palabra inglesa "apology" viene de una palabra griega que significa fundamentalmente "dar una defensa." La Apologética Cristiana, entonces, es la ciencia de dar una defensa de la fe cristiana. Hay muchos escépticos que dudan de la existencia de Dios y/o atacan una creencia en el Dios de la Biblia. Hay muchos críticos que atacan la inspiración y la inerrancia de la Biblia. Hay muchos falsos maestros que promueven doctrinas falsas y niegan las verdades claves de la fe cristiana. La misión de los apologéticos cristianos es combatir estos movimientos, y en su lugar, promover al Dios cristiano y la verdad cristiana.

Apostasía significa 'salida', 'defección', 'revuelta' o 'rebelión'. Ha sido descrita como «una salida plenamente consciente o una rebelión contra el mensaje del cristianismo o el rechazo a Cristo por parte de alguien que ha sido cristiano»

Ascetismo. Ejercicio y práctica de un estilo de vida austero y de renuncia a placeres materiales con el fin de adquirir unos hábitos que conduzcan a la perfección moral y espiritual. En la religión cristiana primitiva, el ascetismo sirvió a los llamados padres del desierto o padres del yermo o padres de la Tebaida para alcanzar, según sus creencias, una unión más perfecta con su Dios, alejándose de cualquier contacto con lo profano por medio de una vida de privaciones, penitencia y oración por la que optaron algunos monjes, eremitas y anacoretas como san Antonio Abad.

Egocentrismo. Valoración excesiva de la propia personalidad que lleva a una persona a creerse el centro de todas las preocupaciones y atenciones.

Esenios. Los esenios eran un movimiento y comunidad judía, establecida probablemente desde mediados del siglo II a.C. tras la Revuelta Macabea, y cuya existencia hasta el siglo I está documentada por distintas fuentes de autores antiguos, tales como Plinio el Viejo, Flavio Josefo, Filón, Dión Crisóstomo, Hipólito de Ostia y Epifanio de Constancia, aunque para algunos estudiosos, los esenios eran un grupo de ascetas que vivían aislados en comunidades separadas. A estas comunidades se le atribuyen los escritos conocidos como "los rollos del Mar Muerto."

Litúrgico. Proviene de liturgia, lo cual significa: Conjunto de prácticas establecidas que regulan en cada religión el culto y las ceremonias religiosas.

Misticismo. La mística (del verbo griego *myein*, «encerrar», de donde *mystikós*, «cerrado, arcano o misterioso») designa un tipo de experiencia muy difícil de alcanzar en que se llega al grado máximo de unión del alma humana a lo Sagrado durante la existencia terrenal.

Monasticismo. El monacato (del griego *monachos*, «persona solitaria») es la adopción de un estilo de vida más o menos ascético dedicado a una religión y sujeto a determinadas reglas en común. En todas las religiones ha existido, más o menos explícitamente, una manera "marginal", pero organizada, de encarnar los valores esenciales de su doctrina o teología. A esta forma "marginal" de vivir es a lo que normalmente se le ha llamado monacato. Entre todas estas formas de vida monacal, sin perder la esencia que corresponde a cada religión, es fácil encontrar ciertos paralelismos o semejanzas. Comienza a fines del S. III y comienzos del S. IV dC.

Monoteísmo. Creencia en un solo dios. El cristianismo, islam, sijismo, judaísmo y zoroastrismo son las religiones con más número de adeptos en el mundo.

Padres Apostólicos. Se llaman padres apostólicos a los autores del cristianismo primitivo que, según la tradición, fueron discípulos directos de los apóstoles o que tuvieron algún contacto con uno o más de los apóstoles de Jesús de Nazaret. Son un subconjunto de los padres de la Iglesia; se trata de escritores del siglo I y de principios del siglo II, cuyos escritos tienen una profunda importancia para conocer qué creían los primeros cristianos. Se caracterizan por ser textos descriptivos o normativos que tratan de explicar la naturaleza de la novedosa doctrina cristiana.

Padres de la Iglesia. Se llama padres de la Iglesia a un grupo de pastores y escritores eclesiásticos cristianos, obispos en su mayoría, que van desde el siglo I hasta el siglo VIII, y cuyo conjunto de doctrina es considerado testimonio de la fe y de la ortodoxia en la Iglesia católica. Eusebio, San Atanasio, San Basilio, San Gregorio, San Juan Crisóstomo, Teodoreto, San Cirilo, San Proclo, San Juan Damasceno, San Justino, Flavio Clemente, Orígenes, son algunos de los más representativos.

Pentecostalismo. El **pentecostalismo** es un movimiento evangélico mundial de iglesias y organizaciones cristianas que recalcan la doctrina del bautismo en el Espíritu Santo. Los términos «**pentecostalismo**» y «**pentecostal**» se derivan de Pentecostés, una celebración judía también llamada la Fiesta de las Primicias.

Peyorativo. Que transmite una connotación negativa de desprecio o poco respeto.

Pneumatológico. Es un término que proviene del griego πνεῦμα (transliterado al alfabeto románico: pneúma-) que significa " espíritu", soplo, hálito, viento; y que metafóricamente describe un ser inmaterial o influencia, y -logía, -λογία, tratado, discurso, estudio. En teología, es todo aquello que trata con la doctrina del Espíritu Santo.

Politeísmo (del griego πολύς "mucho" y θεός "dios") es un sistema religioso cuyos seguidores creen en la existencia de múltiples dioses o deidades, normalmente organizadas en una jerarquía o panteón. Una variante de politeísmo es el henoteísmo, donde una deidad ocupa un lugar de preeminencia y veneración por encima de las demás. Un ejemplo de religión politeísta es el hinduismo, aunque también tenemos que considerar el catolicismo. Algunos ejemplos históricos son las antiguas religiones egipcia, griega, romana, celta o nórdica.

Protestantismo. El término **protestante** es utilizado para referirse tanto a los grupos cristianos, que se separaron de la Iglesia católica con la Reforma Protestante del siglo XVI, como a los desarrollos teológicos particulares de los reformadores y las iglesias resultantes de dicha Reforma (dentro de la cristiandad).

Reforma –Protestante– es el movimiento que surgió en el siglo XVI y que impulsó un cambio profundo en la Iglesia católica. Los protestantes se oponían al dominio del Papa sobre toda la comunidad cristiana y buscaban que la Iglesia retomara las raíces del primer cristianismo.

La Reforma Protestante fue impulsada por diversos religiosos, políticos e intelectuales, teniendo como líder al sacerdote Martín Lutero, quien interpretó las doctrinas medievales a partir de las Sagradas Escrituras. Esto hizo que Lutero rechazase el sistema de sacramentos de la Iglesia católica de la época, que incluía la venta de indulgencias. Para Lutero, el Evangelio debía predicarse libremente y no ser objeto de comercialización.

Ritual. Proviene de rito, lo cual significa: Conjunto de prácticas establecidas que se repiten siempre de forma invariable. Ejem. "rito católico; rito ortodoxo; rito judío; rito benedictino, etc."

Sofisma es cualquier argumentación adulterada que se usa para defender una falacia. Una falacia es una declaración, noción, creencia, razonamiento o argumento basado en una deducción falsa, errónea o inválida.

Teofanía significa manifestación, aparición o revelación de la divinidad. Deriva de la voz griega θεοφάνεια (theopháneia), palabra que se compone de θεός (theós), que significa Dios, y φαίνω (phainō), aparecer.

Trascendente. El sentido más inmediato y elemental de la voz "trascendencia" se refiere a una metáfora espacial. Trascender (de *trans*, más allá, y *scando*, escalar) significa pasar de un ámbito a otro, atravesando el límite que los separa. Desde un punto de vista filosófico, el concepto de trascendencia incluye además la idea de superación o superioridad. En la tradición filosófica occidental, la trascendencia supone un «más allá» del punto de referencia. Trascender significa la acción de «sobresalir», de pasar de «dentro» a «fuera» de un determinado ámbito, superando su limitación o clausura.

Contacto para Servicios de apoyo o Invitaciones:

Pastor Joel Ferro
Correo electrónico: feorjo@gmail.com

www.ingramcontent.com/pod-product-compliance
Lightning Source LLC
LaVergne TN
LVHW091543060526
838200LV00036B/683
* 9 7 8 1 6 4 0 8 6 3 8 7 3 *